Friedrich Strauß
Dorothée Waechter

easy Zimmerpflanzen

Ganz ohne Erfahrung zum Pflanzenparadies

easy Zimmerpflanzen

Friedrich Strauß
Dorothée Waechter

Ganz ohne Erfahrung zum Pflanzenparadies

blv

Easy
Der Inhalt

Easy

Gestalten mit Zimmerpflanzen

Easy

Die besten Pflanzen für ein schönes Zuhause

Easy

So gelingt die Praxis ganz leicht

Anhang

Easy Wohnen und Gestalten mit Zimmerpflanzen

Die eigenen vier Wände blühen auf, wenn man Zimmerpflanzen zu einem festen Bestandteil des Einrichtungskonzeptes macht

Gestalten

Blatt- und Blütenschönheiten perfekt in Szene setzen

Die lila Blüten des Kreuzkrautes leuchten intensiver mit dem passenden Übertopf.

Ein Stück Natur zieht mit jeder Topfpflanze in die Wohnung ein. Die Atmosphäre gewinnt zusehends, und die Behaglichkeit wird durch das Grün im Zimmer merklich gesteigert. Der Grundstein für den Erfolg mit Zimmerpflanzen wird bei der Auswahl der Pflanzen gelegt. Die Ansprüche einer Pflanze und die Bedingungen am gegebenen Standort müssen in Einklang gebracht werden. Lichtsituation und Raumtemperatur sind dabei die beiden Variablen, die die wichtigste Rolle spielen.

Auf der anderen Seite geht es bei der Auswahl darum, eine Art zu wählen, die sich harmonisch und bereichernd in die Wohngestaltung einfügt. Blatt- und Blütenfarben werden dabei zum verknüpfenden Element. Eine ähnliche Funktion übernimmt die Wuchsform.

Pflanzen haben von Natur aus unterschiedliche Größen und sind zugleich immer im Wachstum begriffen. Das heißt: Nicht jeder Hibiskus passt auf die Fensterbank. Als Hochstämmchen oder größerer Busch gibt er neben dem Sofa eine wunderbare Figur ab, die den Sitzplatz einladend und lauschig wirken lässt. Passen die gelben Blüten nun noch zu den gelb gepunkteten Kissen auf dem anthrazitfarbenen Sofa, ist das Ensemble fast perfekt.

Fast – denn auch der Übertopf fällt ins Auge. Er spielt sich mit seinem Material und seiner Formensprache gerne in den Vordergrund. Hier muss man darauf achten, dass es Bezüge zum Einrichtungsstil gibt. Dort, wo viel Licht und Klarheit den Raum bestimmen, wird man mit geeisten Glasgefäßen das Ambiente bereichern. Blütenpflanzen verlangen eine neutral wirkende Farbe oder eine Verstärkung der Blüten beziehungsweise Früchte, wie im Bild oben. Genauso gut kann man zu Korbmöbeln geflochtene Übertöpfe verwenden. Etwas leichter tut man sich mit Blattpflanzen, weil nur das Grün des Laubes ins Blickfeld rückt.

Details verstärken die Wirkung: Accessoires wie das Kissen greifen die Blütenfarben der Schönmalve harmonisch auf.

Wohnzimmer

Den Frühling einläuten: Lust auf frische Farben

Frühlingsfrische macht sich mit Narzissen, Hyazinthen sowie weißen Primeln breit.

Am Ende des Winter wächst die Sehnsucht nach Licht und Farbe. Ungeduld macht sich breit. Und wenn man in den Blumenläden die ersten farbigen Tupfer von bunten **Frühlingsprimeln** *(Primula vulgaris)* und kleinen **Narzissen** *(Narcissus*-Hybride 'Tête-à-Tête') entdeckt, will man sich einen ersten Hauch von Frühling in die Wohnung holen. Mit ein paar **Hyazinthen** *(Hyacinthus orientalis)* macht sich sogar ein angenehm frischer Duft in der Wohnung breit. Diese Frühaufsteher hinterlassen im Portemonnaie keine großen Löcher, sodass man sich gleich mehrere Pflanzen gönnen kann, um dem Wintertief keine Chance zu geben. Die Kombination der Farben ist eine Frage von Fantasie und Stimmung. Buntheit verspricht Aufmunterung, während man mit Ton-in-Ton-Kombinationen passend zur Einrichtung etwas dezenter bleibt.

Die Übertöpfe für die kleinen Frühlingsboten im Zimmer werden geschmackvoll auf die Blütenfarben abgestimmt, und wer mehrere Pflanzen nimmt, der sollte darauf achten, dass die Übertöpfe eine verbindende Einheit bilden. Dafür muss man keine neuen Übertöpfe anschaffen. Gläser, befüllt mit buntem Sand oder kleinen Kieselsteinen, Tassen von Omas Blümchenservice oder kleine Papiertüten, in die ein Untersetzer gestellt wird, leisten gute Dienste. Natürlich muss man beachten, dass Primeln, Narzissen und Co. aus der winterlichen Kälte kommen. Die warmen Zimmertemperaturen beschleunigen die Entwicklung der Blüten und auch das Verblühen. Um dieser Entwicklung zu Gunsten einer längeren Blütezeit entgegenzuwirken, sollte man die Pflanzen in der Nacht kühler stellen.

Sonniges Flair bringen **Pantoffelblumen** *(Calceolaria)* in das Wohnzimmer. Die kleinbuschig wachsenden Schönheiten bringen kleine sattgelbe Tupfer mit einer interessanten braunen Zeichnung ins Spiel. Sie mögen es hell, aber nicht sonnig. Wer also eine Fensterbank nach Südwesten oder Südosten hat, der holt sich mit diesen zarten Geschöpfen die Farbe des Glücks in die Wohnung. Solche eher zierlichen Frühlingsblüher verzaubern die Wohnung mit der typischen Vorfreude auf die neue Saison. Sie bleiben klein und dezent, man kann sich aber über jede neue Knospe freuen.

Kraftvoll verkörpern

Topfhortensien *(Hydrangea macrophylla)* den Frühling. Zugleich kann man mit den großen und prächtigen Blütenbällen das klare Blau, das typische Frühlingsblüher wie **Vergissmeinnicht** *(Myosotis)* und **Blausternchen** *(Scilla)* im Garten verbreiten, ins Wohnzimmer holen. Auf einem Beistelltischchen breiten sich die buschigen Pflanzen zu einem wundervollen Blickfang aus. Mit ein paar **Traubenhyazinthen** *(Muscari)* und **Usambaraveilchen** *(Saintpaulia-Ionantha-*Hybride) entsteht eine blaue Fantasie.

Bei der Pflege von Hortensien muss man beachten, dass diese immer viel Durst haben und reichlich gegossen werden müssen. Am besten wählt man gleich einen nicht zu knapp bemessenen Übertopf aus, sodass immer ein Rest Wasser als Vorrat stehen bleibt.

Wem der Sinn nach einer kräftigen Aufmunterung steht, dem verhelfen Frühlingsklassiker wie **Azaleen** *(Rhododendron-*Simsii-Hybriden), **Amaryllis** *(Hippeastrum-*Hybriden) und **Alpenveilchen** *(Cyclamen)* auf die große rosarote Wolke. Das Trio bringt kräftige Rottöne in die Wohnung. Eine Gruppe lässt sich hübsch in der Höhe staffeln. So bilden die hohen Amaryllis mit den markanten Blütentrichtern einen stimmungsvollen Hintergrund, während Alpenveilchen und Azaleen davor satte Farbkleckse abgeben. Da die Farben intensiv leuchten, kann man die Gruppe leicht mit ein paar Grünpflanzen wie **Zierspargel** *(Asparagus)*, einem **Efeu-Bogen** *(Hedera)* und **Myrten** *(Myrtus communis)* vergrößern. Das Grün

Das Blau von Hortensien, Primeln und Traubenhyazinthen bringt Frische in den Frühling.

wirkt zu dem kontrastierenden Rot besonders frisch und klar. Wer die Eleganz von weißen Blüten bevorzugt, findet diese Schönheiten übrigens alle auch mit weißen Blüten.

Je weiter das Frühjahr voranschreitet, desto vielfältiger wird das Angebot. Dann kommen **Kreuzkraut** *(Senecio-*Cruentus-Hybriden) und **Gloxinien** *(Sinningia-*Hybriden) mit großen und intensiven Blütenfarben hinzu, die für lebendige Abwechslung sorgen.

Satt leuchten Amaryllis, Azaleen und Alpenveilchen in einem kühlen Raum.

TIPP

Zeit für Körbe voller Blüten

Die kleinen Frühlingsblüher machen Lust auf ein gepflanztes Potpourri. In Körben sehen Primeln und Zwiebelblumen hübsch aus. Ausgelegt mit einer Folie, werden die geflochtenen Gefäße wasserdicht. Außerdem wichtig: Auf den Boden eine dicke Schicht Blähton legen, die überschüssiges Gießwasser aufsaugt.

Bevor der Korb bepflanzt wird, legt man ihn bis zum Rand mit stabiler Folie aus.

Ein prima Sommer mit bunten Blütenschönheiten

Die Tage werden länger, und der Sommer macht sich schwungvoll breit. Jetzt triumphieren viele Blütenschönheiten und rücken mit ihren Blüten in den Mittelpunkt. Der **Hibiskus** *(Hibiscus rosa-sinensis)* beispielsweise bildet große Blütentrichter an buschigem Astwerk. Die kleineren Exemplare für die Fensterbank sind meist durch den Einsatz von Wuchshemmstoffen sehr kompakt. Die natürliche Wuchsform dagegen ist ausladend und buschig. Zum Teil wird eine ebenso hohe, aber etwas platzsparendere Variante angeboten: Hochstämmchen fügen sich neben dem Sofa wundervoll ein. Damit die Krone rundlich bleibt, muss man die Triebe regelmäßig entspitzen. Der optimale Platz für den Hibiskus ist hell und windgeschützt, anderenfalls fallen die Knospen ab, bevor sie erblüht sind. Die Blütenfarben stimmt man auf Kissen und Accessoires ab, sodass eine Einheit entsteht. Beim Kauf sollte man bedenken, dass diese Pflanze einen kühlen, hellen Überwinterungsplatz benötigt.

Große Ähnlichkeit mit dem Hibiskus hat ein anderes Malvengewächs: die **Schönmalve** *(Abutilon)*. Ihre Blüten sind zierlicher, aber zahlreich, und sie halten meist auch etwas länger. Die Blütenfarben sind genauso vielfältig und frisch.

Gute Laune verbreitet die pinkfarbene Schönmalve vor der gelb gestrichenen Wand.

Blüten im Überfluss versprechen die Sommerwochen, denn viele Blütenpflanzen öffnen jetzt ihre Knospen. Exotische Schönheiten wie die **Ruhmeskrone** *(Gloriosa rothschildiana)* mit bizarren rot-gelben Blüten, orange leuchtende **Crossandra** *(Crossandra infundibuliformis)* und die **Flaschenpflanze** *(Jatropha podagrica)* mit ihrem knollig verdickten Stamm und orangeroter Blüte verzaubern das Wohnzimmer ebenso wie romantische **Glockenblumen** *(Campanula isophylla)*, zarte **Ixoren** *(Ixora)* und blütenreiche **Fleißige Lieschen** *(Impatiens*-Neuguinea-Hybriden). Welche dieser unzähligen Sommerblüher man sich auch aussucht, es gilt, sie im Wohnraum geschickt in Szene zu setzen. Die Blütenfarben sollten auf die Stoffdessins von Gardinen und Kissen abgestimmt werden, damit eine stimmungsvolle Einheit entsteht.

Man will sich wohl fühlen, bei der Wahl der Pflanzen sollte man daher relaxen und sich nicht von einem spontanen Gefühl leiten lassen, sondern versuchen, ein Motto zu finden. Mit einem weißgrünen **Zimmerhopfen** *(Beloperone)* und **Echtem Jasmin** *(Jasminum officinale)* verschafft man sich in der sommerlichen Hitze Abkühlung. Buntheit würde diese Stimmung zerstören, daher bleibt man bei dem zarten Konzept und ergänzt Kerzen in Lindgrün.

Sommerliche Frische verbreitet der buschige Zimmerhopfen in dem lindgrünen Gefäß.

Wie ein kleines Feuerwerk öffnet das Helmkraut seine orangeroten Blütenbüschel.

Kreuzkraut blüht vom späten Frühling bis weit in den Sommer und überzeugt mit üppiger Blütenfülle.

Will man sich dagegen schon für den Feierabend ein wenig Urlaubsstimmung ins Zimmer holen, rücken **Helmkraut** *(Scutellaria)* und **Zwerg-Orangenbäumchen** (× *Citrofortunella mitis)* mit orangefarbenen Blüten bzw. Früchten in den Vordergrund. Cremefarbene Übertöpfe und frischgrüne Windlichter geben der dominanten Farbe eine gewisse Leichtigkeit.

Wird die poppige Note bevorzugt, mischt man pinkfarbene Stoffsets, rosarote **Edelpelargonien** *(Pelargonium*-Grandiflorum-Hybriden) und die **Drehfrucht** *(Streptocarpus*-Hybriden) in Himbeerrot dazu.

Nordseefrische macht sich mit einem blau-weißen Farbkonzept im Sommer breit. **Blaue Lieschen** *(Exacum affine)*, **Glockenblumen** *(Campanula isophylla)* und **Glockenenzian** *(Eustoma grandiflorum)* gibt es sowohl mit blauen als auch mit weißen Blüten. So kann man das Farbenduo auf dem Tisch in kleinen Gruppen inszenieren. Muscheln, Strandgut und eine Möwe aus Holz runden die kleine Fantasie auf dem Couchtisch perfekt ab.

Ein blühender Weihnachtskaktus trumpft mit Alpenveilchen in der Adventszeit auf.

Stimmungsvoll: Der Winter blüht auf

Festlich elegant wirkt ein Weihnachtsstern mit rosa gefleckten Hochblättern.

Der Dezember

gehört zu den Monaten, in denen man das Wohnzimmer intensiv nutzt. Gemütliche Stunden bestimmen die Advents- und Weihnachtszeit. In diesen Wochen kommen eine ganze Reihe von blühenden Klassikern in die Wohnung. An erster Stelle steht natürlich der **Weihnachtsstern** *(Euphorbia pulcherrima)*. Die intensive Farbwirkung beruht nicht auf den Blüten, sondern auf den Hochblättern. Typisch ist ein leuchtendes Rot, doch mittlerweile gibt es verschiedene Spielformen. Cremefarbene, dunkelrote, weiß gesprenkelte, lachsfarbene und zartrosa getönte Hochblätter sorgen für eine ungeahnte Vielfalt, und man findet eigentlich für jeden Einrichtungsstil und jede Weihnachtsdekoration eine passende Sorte. Auch die Wuchsformen variieren von Minipflanzen bis hin zu meterhohen Hochstämmchen. Am häufigsten erhält man kleine bis mittelgroße Büsche.

Weihnachtssterne kommen als Gruppe gut zur Geltung, weil so ein kräftiger Farbklecks entsteht. In Weidenkörben oder großen Schalen werden mehrere Töpfe zusammengepflanzt. Mit dem warmen Raumklima kommen sie gut zurecht. Nur eine schlechte Lichtsituation und extreme Lufttrockenheit führen häufig dazu, dass die Pflanzen von unten verkahlen.

Für eine dekorative Gestaltung kann man die buschigen Pflanzen zusätzlich dekorieren. Zarte Schleier aus Engelshaar legen sich wie ein feines Gespinst über die farbigen Hochblätter. Schillernde Kugeln verstärken ihre Farben ebenso wie Schleifen. Zugleich schafft man mit diesen Dekorationen einen Übergang zum weihnachtlichen Schmuck der Wohnung, der vor allem in Kerzen, Adventskalendern und Weihnachtsanhängern besteht. Wie Sie Weihnachtssterne auch im nächsten Jahr zum Blühen bringen, lesen Sie im Praxisteil auf Seite 133.

In den Reigen der

Winterblüher reihen sich die ersten **Alpenveilchen** *(Cyclamen persicum)* und **Azaleen** *(Rhododendron*-Simsii-Hybriden) ein. Mit weißen, rosafarbenen und roten Blüten kommen sie schon zu Nikolaus ganz groß raus. Allerdings darf man nicht übersehen, dass diese Pflanzen mit warmen Räumen nicht so gut klarkommen. Temperaturen um 15 °C sind optimal, sodass der Blütenschmuck im Wohnzimmer selten von Dauer ist. Es sei denn, man kann einen kühlen Platz am Fenster anbieten.

Dagegen ist der gute alte **Weihnachtskaktus** *(Schlumbergera*-Hybriden) richtig easy. Diese Blattkakteen schmücken sich zu den Feiertagen mit länglichen Blüten in Rot, Rosa oder Weiß. In einer modernen Einrichtung mit Pinktönen veredelt diese Schönheit die Adventsdekoration. Die Farbe der Blüten verstärkt man mit Hilfe von Weihnachtskugeln und Kerzen. Gerade die Pinktöne bekommen durch goldene Kordeln und Schleifen einen edlen Touch. Zur Haltbarkeit der Blüten sollte man beachten, dass die Knospen abgeworfen werden, wenn man den Standort wechselt oder die Pflanze dreht. Beim Putzen hilft eine Markierung am Topf, dies zu verhindern. Eine mehrjährige Kultur ist problemlos, weil die Pflanzen im Sommer einfach ins Freie gestellt werden können.

Mit Zapfen und Kieferngrün wird der rote Weihnachtsstern zum Fest geschmückt.

Goldene Kugeln und Engelshaar veredeln die cremefarbene Sorte des Weihnachtssterns.

Der Christusdorn trägt rote Blüten, die in das klassische Farbkonzept der Jahreszeit passen.

Zu den Symbolen der Adventszeit

zählt auch die **Christrose** *(Helleborus niger)*. In Blumenläden werden die Schönheiten knospig angeboten, und gerade wenn man keinen Garten hat, verlockt die Pracht. Doch so dekorativ die porzellanweißen Blütenschalen auch aussehen, es ist nicht ganz leicht, sie im Zimmer zu halten. Schließlich blühen diese mehrjährigen Pflanzen in der winterlichen Kälte. Ein mollig warmes Zimmer stellt nicht nur für die Blüten einen Schock dar. Ein kühles Fenster, ein Doppelfenster im Altbau oder ein geschützter Platz auf dem Balkon sind Plätze, die der Christrose während ihrer Blüte behagen. Von dort kann man sie für einige Stunden ins Zimmer holen, um die weihnachtliche Stimmung zum Adventstee abzurunden.

Strandurlaub unter Palmen

Eine Palme macht noch keinen Sommer, aber die dekorativen Blattschönheiten entführen uns rasch in paradiesische Träume mit weißen Stränden und türkisblauem Wasser. Je größer die gefiederten oder gefächerten Blätter sind, desto üppiger füllen die Pflanzen den Raum mit ihrem Zauber.

Palmen gibt es den verschiedensten Größen. Zusammen mit entsprechendem Mobiliar verbreiten sie Südsee-Flair.

Wenn man von Palmen spricht, so denkt man an stattliche Gestalten: **Dattelpalmen** *(Phoenix)* mit ausladenden Blättern und **Kokospalmen** *(Cocos nucifera)*, die wie ein Pfeil aus der baseballähnlichen Nuss in die Höhe schießen. Diese Schönheiten werden zum prägenden Element für jedes Wohnzimmer. Schließlich nehmen sie nicht gerade wenig Raum ein. Doch damit lassen sich gestalterische Kunstgriffe wie eine Raumteilung erzeugen. Stellt man beispielsweise ein großes Exemplar der **Zwerg-Dattelpalme** *(Phoenix roebelenii)* neben die kleine Sitzecke mit den Korbsesseln, wird sie angenehm abgeschirmt, und man fühlt sich hier ungestört. Natürlich müssen solche Pflanzen im täglichen Umgang praktisch bleiben. Zusammen mit einem dekorativen Topf lassen sich die Riesen nur noch schwer verrücken. Daher stellt man sie am besten von Anfang an auf einen dezenten Rolluntersetzer. So verhindert man gleichzeitig, dass sich durch Temperaturunterschiede und mangelnde Belüftung Schimmel auf dem Bodenbelag bildet.

Je kleiner der Raum, desto erdrückender wirken große Palmen. Doch in der Vielfalt lassen sich auch halbhohe Arten finden. **Kentiapalme** *(Howea forsteriana)* und **Betelnusspalme** *(Areca catechu)* entfalten sich zu dekorativen Schönheiten auf einer Säule oder einem Tischchen. Wichtig ist, dass sich die langen Palmwedel frei entfalten können und so ihre Schönheit perfekt in Szene setzen.

Wer Palmen ins Wohnzimmer holt, sollte sich darüber im Klaren sein, dass sie das Flair prägen. Zu einer romantischen Einrichtung mit Biedermeiermöbeln wird man keine Palmen stellen. In einer modernen, sachlichen Möblierung bringen sie dezent etwas Natürlichkeit ins Spiel. Perfekt wird der Traum vom Feierabend unter Palmen mit Flechtmöbeln, die es in großer Auswahl gibt. Sie sind bequem, und dort schwelgt man gerne bei einem Glas Maracuja-Saft in Urlaubserinnerungen.

Oasen erkennt
man schon aus großer Ferne an ihren Dattelpalmen. Deshalb ergänzen Palmen mit ihren Wedeln den orientalischen Zauber. Auf einem kleinen Teetischchen neben großen Sitzkissen mit einem Bezug aus dunkelrotem Samt bauen sich kleine **Goldfruchtpalmen** *(Chrysalidocarpus lutescens)* auf. Und auf der Fensterbank zwischen Aladins Wunderlampen stehen kleine **Kentiapalmen** *(Howea)*. So bekommt die sinnliche Welt der Geschichten aus Tausendundeiner Nacht Raum, um sich zu entfalten.

Gefäße aus Messing und alte Korbtaschen werden zum Übertopf umfunktioniert. Auch für eine der anderen Fernwehwelten eignen sich locker verschlungene Jutebahnen, alte Teekisten oder Kaffeesäcke mit einem selbst gestalteten Aufdruck, um die schlichten, aber praktischen Plastikcontainer oder Tontöpfe stimmungsvoll und mit einer persönlichen Note zu versehen. Allerdings muss man darauf achten, dass man einen Untersetzer unter das Gefäß stellt, damit das überschüssige Gießwasser aufgefangen werden kann.

TIPP

Palmen lieben feuchte Luft
Der Vorliebe der Palmen für hohe Luftfeuchte kann nachgekommen werden, indem man Schalen mit Wasser auf die Heizung stellt, den Übertopf mit Blähton befüllt oder Wasserspiele in die Gestaltung integriert. Das Besprühen von Blättern hilft tropischen Arten wie der Fischschwanzpalme *(Caryota mitis)*.

Die Bergpalme baut sich neben dem Sofa zu einem stattlichen Blickfang auf.

Die Kentiapalme stellt auf dem Tisch ihren breit ausladenden Wuchs elegant zur Schau.

Palmwedel, leuchtende Gerberablüten und Buntblatt stimmen auf die Karibik ein.

Kräftige Farbtupfer
ergänzen die Palmenschönheiten in ihrem tropischen Flair. Die schrille Kombination von Rot, Orange und Pinktönen wird von klassischen Blühpflanzen wie **Gerbera** *(Gerbera jamesonii)*, **Begonien** *(Begonia*-Elatior-Hybriden) und **Ixore** *(Ixora)* inszeniert und durch Bromelien wie der **Vriesee** *(Vriesea)* mit roten Blatttrichtern oder **Buntnesseln** *(Solenostemon scutellarioides)* abgerundet. Jetzt fehlt nur noch eine große Obstschale mit tropischen Früchten, die nach einem langen Arbeitstag den Feierabend angenehm versüßen. Auch Ihre Freunde werden sich garantiert angenehm wohl fühlen, denn in dem bezaubernden Ambiente werden ganz normale Wochenenden zu einem perfekten Urlaubsvergnügen.

Im Dschungel-Fieber großer Zimmerbäume

Zimmerbäume wie die Zimmerlinde machen aus der Sitzecke eine lauschige, geschützte Ecke.

Stattlich und groß wirken Zimmerbäume in der Wohnung. Sie verwandeln einen Wohnraum in eine Art Garten, da sie mit ihrem dicht belaubten Astwerk vertikale Strukturen aufbauen. Man kann mit ihnen intime Bereiche abtrennen und für Sichtschutz sorgen. Durch das meist großblättrige, freundliche Grün lassen sich große Wohnräume in verschiedene Nutzungsbereiche einteilen, in kleineren Zimmern dienen Solitärs als dominanter Blickfang.

Einer der eindrucksvollsten Zimmerbäume ist die **Zimmerlinde** *(Sparrmannia africana)*. Allerdings darf man den Raum, den sie einnimmt, nicht unterschätzen. Sie verträgt zwar einen kräftigen Rückschnitt, aber dieser regt auch einen entsprechend kräftigen Neuaustrieb an. Zugleich erreicht man damit eine stärkere Verzweigung im unteren Drittel. Mit einem ausreichend großen Gefäß sorgt man für gute Standsicherheit. Im Alter trägt diese Schönheit, die nur an einem sehr hellen Platz gesund und vital bleibt, kleine, weiße Blüten.

Hinsichtlich der Buschigkeit gibt es nur wenige Zimmerbäume, die mit der Zimmerlinde mithalten können. Die **Birkenfeige** *(Ficus benjamina)* hat je nach dem, wie sie kultiviert wurde, auch im unteren Bereich eine reiche Verzweigung und Belaubung. Über die große Gruppe der **Feigenbäume** *(Ficus)* lesen auf Seite 60.

Grünpflanzen, die in die Höhe wachsen, sind in der Regel eintriebig. **Zimmertanne** *(Araucaria)*, **Strahlenaralie** *(Schefflera arboricola)*, **Zimmeresche** *(Radermachera sinica)* und **Zimmerzypresse** *(Cupressus macrocarpa)* entwickeln sich typischerweise mit einem Haupttrieb, der in die Höhe schießt. Schnittmaßnahmen führen zwar in der Regel zu Verzweigung und mehrstämmiger Entwicklung, aber zugleich kann die Pflanze ihren charakteristischen Wuchs nicht mehr entfalten.

Zimmerbambus bildet kleine Büsche, die auf dem Tisch einen dezenten Sichtschutz bilden.

Wo der Platz knapp ist, sind schlanke Zimmerbäume gefragt. **Drachenbäume** *(Dracaena*-Arten) mit einem aufrechten, unbelaubten Stamm und **Palmlilien** *(Yucca)* haben als Solitär eher die Funktion eines Blickfanges als die eines Sichtschutzes. Erst wenn man mehrere Pflanzen nebeneinander stellt, entsteht eine Art grüne Wand. Hierfür eignen sich auch die hohen, schlanken Horste von **Echtem Papyrus** *(Cyperus papyrus)* oder **Sansevierien** *(Sansevieria trifasciata)*.

Transparent und doch dominant wirken Zimmerbäume, die große, sehr lang gestielte Blätter haben, wie **Strelitzie** *(Strelitzia reginae)*, **Zierbanane** *(Ensete ventricosum)* und **Alokasie** *(Alocasia sanderiana)*. Die Blätter breiten sich schützend über einem Sofasitzplatz aus. Diese Zimmerbäume sind ideal, um in hohen Räumen eine lauschige Situation entstehen zu lassen. In Altbauten oder Galeriewohnungen kann man von der Wuchsform profitieren. Bei einer niedrigen Decke kann das große Blattwerk jedoch beengend wirken. Meist sind solche Arten tropischen Ursprungs und haben daher eine Vorliebe für hohe Luftfeuchtigkeit. In überheizten Räumen sind sie oft anfällig für Schädlinge wie Spinnmilben.

Ein angenehmes Raumklima verheißen großblättrige Grünpflanzen wie Zimmerlinde und Bananenstaude.

Das Buntblatt *(Caladium)* gibt es in vielen Farben und Zeichnungen, es sorgt für tropisches Flair.

Das Raumklima profitiert von den Bäumen im Zimmer. Die großen, zahlreichen Blätter erhöhen die Verdunstung. So wird die Luft automatisch befeuchtet, was vor allem in den Wintermonaten eine positive Wirkung auch für uns Menschen hat. Gleichsam erweisen sich die Blätter als Schmutzfilter. Die Staubpartikel, die durch die Luftzirkulation aufgewirbelt werden, setzen sich auf den Blättern ab. Entsprechend wichtig ist es, dass man die Pflanzen hin und wieder unter der Dusche abbraust oder sie, wenn möglich, in einen warmen Sommerregen stellt, damit die Blätter wieder sauber werden. Schließlich mindert die Staubschicht die Lichtausbeute und schwächt die Pflanzen langfristig.

Große, herzförmige Blätter der Alokasie prägen auch als Einzelexemplar die Atmosphäre im Wohnzimmer.

Wüsten-Feeling pur – mit pflegeleichten Kakteen auch für Anfänger

Wie wäre es mit Tex-Mex? Verschiedene Säulen- und Kugelkakteen prägen das Flair.

Wer an Kakteen denkt, dem fallen automatisch die kräftigen Dornen ein, mit denen sich die fleischig verdickten Stämme schützen. Teils sind die Dornen gelblich, teils mit Widerhaken ausgestattet, mal sitzen sie sternförmig in Reihen, mal werden sie von flaumigen Haaren verdeckt. Die Wuchsformen von Kakteen sind vielgestaltig und raffiniert. Schließlich geht es bei den Wüstenbewohnern um das Überleben in den wasserärmsten Teilen der Erde. Zugleich sind die Blüten, die diese Lebenskünstler treiben, wahre Wunder: Groß und kräftig gefärbt zeigen sie sich für wenige Wochen im Jahr. Die Zartheit und Farbenpracht wirkt auf uns besonders reizvoll, auch wenn die Blühphase nur relativ kurz ist.

Die Vielgestaltigkeit der Kakteen löst nicht selten eine wahre Sammelleidenschaft aus. Dann stehen auf der Fensterbank gleich ganz viele der kleinen, kugeligen oder säulenförmigen Wüstenbewohner. Einfarbige, glatte Übertöpfe geben der Sammlung einen Zusammenhalt, und wer ganz perfekt sein will, der steckt in die Töpfe mit seinen **Warzenkakteen** *(Mammillaria*-Arten), **Rebutien** *(Rebutia*-Arten) und **Silberkerzen** *(Cleistocactus)* noch ein Etikett mit dem genauen Namen.

Die Anpassung an große Trockenheit macht Kakteen eigentlich zu optimalen Anfängerpflanzen. Schließlich kann man sie ruhig einmal vergessen, kann sie problemlos in die pralle Sonne stellen – all diese Extreme sind für Kakteen kein Problem. Doch vielfach überleben die bizarren Pflanzen nicht, weil genau der einzig mögliche Fehler gemacht wird: Man gießt sie überfürsorglich. Anhaltende Nässe macht den Wurzeln das Leben schwer, und schon bald kommt es zu Schäden durch Fäulnis, die nicht mehr zu beheben sind. Wie man Kakteen gut und richtig pflegt, sodass sie auch wieder blühen, lesen Sie im Porträtteil ab Seite 118.

Eine Kuriosität stellen die bunten Veredelungen von *Gymnocalycium mihanovichii* dar. Diese kleinen Kakteen enthalten keinen grünen Farbstoff, sondern lediglich roten, nämlich Karotin, beziehungsweise gelbes Xanthophyll. Sie werden auf eine grüne Unterlage gepfropft, damit sie überleben. Die Bonbonfarben Gelb, Orange, Pink und Rot wirken peppig und modern.

Extravagant wirkt es, wenn man sich große Kaktusexemplare in die Wohnung holt. Ein so genannter **Schwiegermuttersessel** *(Echinocactus grusonii)*, ein **Feigenkaktus** *(Opuntia)* mit mehreren »Ohren« oder ein **Säulenkaktus** *(Cereus peruvianus)* mit ihren bizarren Formen wirken als sachlicher Blickfang im Wohnzimmer. Diese Gestalten passen insbesondere zu einem minimalistischen Einrichtungsstil und beschränken die Wirkung auf das Wesentliche. Solche stattlichen Exemplare, das sollte man nicht übersehen, sind wahre Kostbarkeiten, denn bis aus einem winzigen Samenkorn so ein großer Kaktus gewachsen ist, vergehen viele Jahre. Deshalb sollte man bereits einige Erfahrung mit Kakteen haben, bevor man sich diese Wüsten-Veteranen anschafft.

Ganz wichtig ist, dass man die Möglichkeit für einen hellen, kühlen – aber frostfreien – Überwinterungsplatz hat, denn diesen natürlichen Temperaturwechsel brauchen die stacheligen Dekoobjekte, um sich dauerhaft mit dem Klima fern der Wüste anzufreunden und sicher zu blühen.

Aloe und andere Blattsukkulenten wirken in Zinktöpfen sehr dekorativ.

Bei guten Bedingungen treibt der Feigenkaktus zahlreiche hellgelbe Blüten

Unterstrichen wird die Gestaltung mit Kakteen durch weitere Sukkulenten. Auch sie haben fleischig verdickte Stämme oder Blätter, wie beispielsweise der **Geldbaum** *(Crassula ovata)* und die **Madagaskarpalme** *(Pachypodium)*. Ein besonderer Eyecatcher sind ungewöhnliche Wuchsformen wie die der **Erbsenpflanze** *(Senecio rowleyanus)*, deren Glieder wie eine Perlenschnur herunterhängen, oder die walzenförmigen, blaugrauen Triebe der **Fetthenne** *(Sedum morganianum)*. Durch ihren ebenmäßigen Wuchs überzeugen die Rosetten von **Echeverien** *(Echeveria)*.

TIPP

Dauerhaft im Zimmer können Kaktusarten bleiben. Sie bilden auch ohne eine Ruhephase bei niedrigen Temperaturen regelmäßig Blüten. So entsteht ohne Zutun das Bild einer blühenden Wüste auf der Fensterbank. Die meisten Arten der Gattungen *Gymnocalycium, Notocactus, Parodia, Melocactus* und *Discocactus* eignen sich für die ganzjährige Kultur.

Blüten treiben ohne Ruhephase mit niedrigen Temperaturen können nur wenige Arten.

Afro-Look der bunten Blätter

Wer Farbe mit Grünpflanzen in die Wohnung holen will, der kann mittlerweile auf eine große Auswahl zurückgreifen. Viele Zimmerpflanzen haben keine grünen Blätter, sondern rötlich gezeichnetes oder rotbraunes Laub. Bei solchen Blattfärbungen handelt es sich in erster Linie um eine Anpassung der Pflanzen an ihren natürlichen Standort. Ein hoher Anteil roten Farbstoffs kann zum Beispiel ein natürlicher Sonnenschutz sein. Bei der Züchtung wurden dann Pflanzen, die eine besonders regelmäßige Musterung oder einen besonders raffinierten Farbton haben, als wertvolle Sorten ausgelesen.

Als Stimmungsmacher erweist sich das Buntblatt zwischen den orangeroten Stoffmustern.

Auf großen Blättern erinnern die Zeichnungen an afrikanische Kunst. Wie mit einem Pinselstrich scheinen die Blätter verziert. So kann man diese Pflanzen in den Ethnostil vom Typ »Afro-Look« gut einfügen.

Für Anfänger gibt es zwei Pflanzen, die sich als besonders easy erweisen. Zum einen überzeugen die **Blattbegonien** *(Begonia*-Hybriden) mit unzähligen Arten und Sorten in den unterschiedlichsten Blattfarben und -zeichnungen. Die Muster entstehen durch frischgrüne, rote oder rotbraune Maserungen. Der Vielfalt sind keine Grenzen gesetzt. Am besten kommen ausgefallene Formen als Einzelpflanze zur Geltung. Sie sollten vor möglichst ruhigem Hintergrund stehen.

Die andere Pflanzenart für den Anfänger kennt man zum Teil noch von Großmutters Blumenfenster: die **Buntnessel** *(Solenostemon scutellarioides)*. Diese buschig wachsende Pflanze bringt ganz ungewöhnliche Blattfarben hervor. Die Gärtner haben sie in den letzten Jahren wiederentdeckt und in modischen Formen auf den Markt gebracht. Nahezu schwarze Blätter, kupfrige mit violettem Schimmer und dunkelrotes Laub mit grasgrünen Flecken betonen die derzeitigen Trends. Gewellte Blattränder bereichern die Büsche zusätzlich. Dabei sind Buntnesseln ähnlich einfach in der Pflege wie die Begonien. Staunässe und Trockenheit heißen ihre ärgsten Feinde. Ansonsten kann man kaum etwas falsch machen.

Mit ihrem beidseitigen Blattschmuck trumpft die Korbmarante auf.

Gewellte Blattränder und knallige Farben sind die Trümpfe der Buntnessel.

Mit dem Laub tropischer Grünpflanzen

wird es zum Teil aufregend bizarr in der Wohnung. So hat die **Alokasie** *(Alocasia)* lang gestielte große Blätter in Olivgrün. Zusätzlich sind die Hauptnerven der Blattadern weiß gefärbt. Diese Raffinesse hat eine große Fernwirkung, mit der man einen kräftigen Akzent in der Gestaltung setzen kann.

Die Marantengewächse, wie **Korbmarante** *(Calathea zebrina)*, **Ctenante** *(Ctenanthe lubbersiana)* und die **Marante** *(Maranta leuconeura)*, haben ebenmäßige Blätter, die jedoch durch braunrote Muster einen exotischen Touch bekommen, ohne sich zu sehr in den Vordergrund zu drängen.Wichtig bei der Pflege der aus tropischen Regionen stammenden Zimmerpflanzen ist, dass man zu trockene Luft vermeidet.

Die Rex-Begonie braucht einen ruhigen Hintergrund, um sich gut in Szene zu setzen.

Im pinkfarbenen Korbtopf kommt das Rosa des Buntblattes wunderbar zur Geltung.

Ein wahres Feuerwerk entfacht dagegen die **Iresine** *(Iresine)*. Ihre weinroten Blätter sind von kirschroten Adern durchzogen, was die buschig wachsende Pflanze sehr lebendig wirken lässt. Sie bevorzugt einen hellen Standort. Gestalterisch sollte man darauf achten, dass die Pflanze im Gegenlicht steht, denn so fallen Adern besonders ins Auge.

Der Name lässt bereits

vermuten, dass der **Wunderstrauch** *(Codiaeum variegatum)* etwas ganz Besonderes ist. Während die Blätter schwarzgrün sind, färben sich die Adern in Orange, Rot und Gelb. Die Übergänge zwischen den Farben verlaufen fließend. Für eine kräftige Ausfärbung brauchen die Blätter einen hellen Platz. Dagegen kann man das **Buntblatt** (*Caladium*-Bicolor-Hybriden) auch halbschattig stellen. Das große Laub trägt weiße, rosafarbene oder rote Flecken und Marmorierungen, wodurch sich eine angenehme Leichtigkeit breit macht. Besonders eindrucksvoll wirkt die Blattfärbung, wenn man die Übertöpfe passend zum farbigen Laub auswählt. Der Schmuck der Knollenpflanze ist auf den Sommer begrenzt, im Winter ziehen die Blätter ein.

Exotischer Zauber

Mit Orchideen ziehen edle Blüten in die Wohnung. Sie haben den Ruf, sehr anspruchsvoll in der Pflege zu sein. Das ist bei manchen Wildarten nicht ganz falsch, doch die heute erhältlichen Sorten der gängigen Arten sind überwiegend sehr pflegeleicht und blühfreudig.

Kostbar wie Edelsteine wirken Orchideen. Ihr Blattwerk ist meist riemen- bis zungenförmig und hält sich dezent im Hintergrund, während sich die Blüten durch Detailverliebtheit und vollendete Perfektion in den Mittelpunkt rücken. Diese optische Schönheit wirkt in der Pflege für viele abschreckend – vor allem für ganz unerfahrene Zimmergärtner.

Gerade das Ungewöhnliche ist auch verlockend. Natürlich gibt es Orchideen, die hinsichtlich ihrer Standortansprüche nur etwas für Profis sind. Doch gibt es einige Arten, die wirklich pflegeleicht und unkompliziert sind.

Zu diesen zählt beispielsweise die große Gruppe der **Malaienblumen** *(Phalaenopsis*-Hybriden). Sie tragen lange, mitunter sogar verzweigte Blütenrispen. Diese kann man gerade im Wohnzimmer als Tischschmuck dekorativ zur Geltung bringen. In hohen, schlanken Gefäßen scheinen die an Schmetterlinge erinnernden Blüten geradezu über dem Tisch zu schweben. Die Blüten tragen verschiedenste Rosatöne, sind weiß mit rosaroter Zeichnung und zartgelb und getigert. Malaienblumen gibt es in den verschiedensten Größen. Sehr beliebt sind auch die neuen kleinblumigen × *Doritaenopsis*-Formen.

Die Blütenstiele der Malaienblume schweben elegant über dem Wohnzimmertisch.

Wichtig ist, dass die sehr auffälligen Einzelblüten durch ein reduziertes Umfeld gut zur Wirkung kommen. Dies erreicht man, indem man die Pflanzen nicht in Tontöpfe, sondern direkt in ein transparentes oder geeistes Glasgefäß stellt. Die Wurzeln von Orchideen mögen es hell, denn Orchideen wachsen in tropischen Wäldern auf Bäumen, wo die Wurzeln als Luftwurzeln der Verankerung dienen. So kommt dieser gestalterische Pfiff auch den Lebensbedingungen entgegen.

Je kräftiger die Blütenfarben sind, desto wichtiger ist es, dass man in der Einrichtung des Raumes einen Bezug schafft. Die leuchtenden Pinktöne können sich in den Übertöpfen von Grünpflanzen wiederholen oder sich in den Kissen auf dem Sofa widerspiegeln. Selbst ein paar Kerzen oder farbige Gläser helfen, dass die leuchtende Blütenfarbe in ein Farbkonzept eingebettet ist. Der Standort der Orchideen sollte konstante Bedingungen bieten. Häufiges Umstellen gefällt den »Perlen der Blütenpflanzen« nicht. Ein halbschattiges Fensterbrett ist auf Dauer dem Couchtisch vorzuziehen.

Eine andere, häufige Art ist die **Cymbidie** *(Cymbidium*-Hybriden). Sie hat riemenförmiges Blattwerk, das schopfartig wächst. Die Einzelpflanzen sind relativ groß und prägen die Situation im Raum. Ihre Blütenrispen sind lang und dicht besetzt mit den zahlreichen, wachsartigen Blüten. Die Farben variieren von Weiß über Gelb, Rosa bis hin zu Braun und Grün. So entsteht bereits farblich eine Extravaganz, die durch die Blütenfülle unterstrichen wird. Cymbidien können bis über einen Meter hoch werden. Neben dem Sofa oder einem Korbsessel wirken sie entsprechend stattlich. In einem modernen Korbgefäß verliert sich das angestaubte Image, und die Schönheit verwandelt sich in eine extravagante Diva, deren Blüten lange halten.

Die bizarren Formen von **Zahnzunge** *(Odontoglossum)* und **Stiefmütterchen-Orchidee** *(Miltonia)* lassen sich durch entsprechende Gefäße noch verstärken. Sehr hohe, schlanke Übertöpfe schaffen die Entsprechung zu den ungewöhnlich lang gestreckten Blütenrispen der Zahnzunge. Kugelige Töpfe zeichnen die rundliche Form der Einzelblüten der Stiefmütterchen-Orchideen nach. So wird das Ungewöhnliche nochmals unterstrichen und steht zugleich nicht isoliert im Raum.

Die lang gestreckten Blütentrauben der Dendrobie wirken wie ein herrliches Feuerwerk.

Aufregend groß und ungewöhnlich zeigt sich der **Venusschuh** *(Paphiopedilum)*. Während die Sorten mit braunroten Blüten gut zu einer klassischen Einrichtung mit Antiquitäten passen, fügen sich solche mit frischgrün gezeichneten Blüten auch in ein modernes Ambiente ein. Für die Sorten mit dunklen Blüten empfehlen sich dunkelrote Glasgefäße, die die Blütenfarben zum Leuchten bringen.

Die lilarosa Blütenripsen der Cymbidie harmonieren mit dem Farbkonzept des Raumes.

TIPP

Die Blütenstiele der Malaienblume *(Phalaenopsis*-Hybriden) dürfen nicht abgeschnitten werden, wenn sie verblüht sind. Es können sich an einem Trieb zwei bis drei Mal neue Knospen bilden. Man kürzt die Rispe lediglich auf zwei Augen (= Verdickungen am Blütenstiel) ein, um eine erneute Knospenbildung anzuregen.

Der Venusschuh hebt seine attraktiven Blüten mit langen Stielen über das Blattwerk.

Raffinierte Natur

Bromelien stammen aus den Tropen. Mit ihren orangefarbenen, roten und gelben Blütenständen bringen sie ihr Temperament ins Wohnzimmer. Die Herkunft lässt ahnen, dass sie alle eine Vorliebe für warme Temperaturen und hohe Luftfeuchtigkeit besitzen. Doch keine Angst – viele gedeihen im Zimmer gut.

Das tropische Flair dieser Einrichtung wird durch die Bromeliengewächse unterstrichen.

Wie ein Trichter sind die Blätter der Bromelien angeordnet. Das hat einen guten Grund, denn diese Mitte dient den Pflanzen als Zisterne. Hier wird tropfendes Wasser aufgefangen. Die leuchtend bunten Gewächse, zu denen übrigens auch die **Ananas** *(Ananas comosus)* zählt, wurzeln nämlich nicht im Erdboden, sondern siedeln sich – wie Orchideen – im Astwerk tropischer Gehölze an. Mit Hilfe von Luftwurzeln finden sie Halt.

Für das Leben als Zimmerpflanze bringt dieser natürliche Wuchs einige Besonderheiten in der Pflege mit sich. Wichtig ist vor allem, dass man für eine hohe Luftfeuchtigkeit sorgt, also die Blätter einnebelt. Natürlich darf das Wasser nicht kalkhaltig sein. Über die Möglichkeiten, wie man weiches Wasser erhält, lesen Sie auf Seite 125 mehr.

Ein weiteres Charakteristikum von Bromeliengewächsen ist die Tatsache, dass die Rosetten nach der Blüte absterben. Meist bilden sich seitlich mehrere Tochterrosetten, die man abtrennt, wenn sie groß genug sind, und in einen Topf mit frischer Erde pflanzt.

Wenn Bromelien zur Blüte kommen, streckt sich die Rosette und ein auffällig gefärbter Blütenstand zeigt sich. Diese Färbung macht einen Großteil der imposanten Wirkung aus, denn die kleinen Einzelblüten halten in der Regel nur wenige Tage, während der meist schwertförmige Blütenstiel mehrere Wochen bunt bleibt. Zu den blühenden Bromelien zählen die **Luftnelken** *(Tillandsia)*, das **Flammende Schwert** *(Vriesea splendens)*, die **Lanzenrosette** *(Aechmea fasciata)* und der **Zimmerhafer** *(Billbergia nutans)*. Neben den blühenden Bromelien gibt es einige Arten, die in erster Linie durch ihre Blatttrichter und das Laub auffallen. Zu ihnen gehören die **Zierananas** *(Ananas comosus)*, die **Neoregelie** *(Neoregelia carolinae)* und die **Nestrosette** *(Nidularium fulgens)*.

Leuchtendes Gelb, knalliges Orange und feuriges Rot zieht mit den Bromelien in die Wohnung ein. Die bizarren Blütenstände, die aus den frischgrünen Blatttrichtern wachsen, schaffen zusätzlich Spannung.

Vrieseen-Vielfalt: Hängend, schwertförmig und gefächert zieren Blütenstände die Rosetten.

Lust auf temperamentvolle Farbenfreude ist daher die Voraussetzung, dass diese Schönheiten gestalterisch in das Wohnzimmer passen. Die Farben sollten sich unbedingt an den Wänden und in Möbeln sowie Accessoires wiederfinden, damit sich die fröhliche Stimmung als Gesamtkonzept bemerkbar macht. Wer eine Vorliebe für den Ethno-Stil mit afrikanischen Masken, südamerikanischen Teppichen und Korbmöbeln hat, der wird mit den Rosetten von **Guzmanie** *(Guzmania)* und **Vriesee** *(Vriesea)* dieses Lebensgefühl perfekt inszenieren können.

Aber auch eine klare Gestaltung des Wohnzimmers mit viel Weiß und reinen Farben erhält durch die rotgrünen Rosetten von Nestrosette und Neoregelie eine harmonische Belebung. Wer es nicht ganz so temperamentvoll wünscht, findet in den gelb blühenden Hybriden von Vriesee eine ideale Zimmerpflanze.

Die gelben Hochblätter der Guzmanie bringen sommerliche Frische in den Wohnraum.

Romantische Züge verbreiten in erster Linie die graulaubigen Bromeliengewächse, wie Tillandsien und Lanzenrosette. Bei den Letzteren bringen die Blütenstände mehr oder weniger kräftige Rosatöne ins Spiel. Öffnen die Tillandsien ihre Blüten, dann ist das kräftige Lila eine kleine Überraschung. Durch das graugrüne Laub bleiben die Pflanzen immer dezent im Hintergrund. Für Abwechslung sorgen dann eher die Formen, die auf einen Stein geklebt werden und ganz ohne Erde und Wurzelballen überleben.

TIPP

Äpfel regen die Blütenbildung von Bromelien dadurch an, dass sie ein Gas, das Ethylen, freisetzen, das den Anstoß für neue Knospen gibt. Wenn man also Ableger zum Blühen bringen will, reicht es meist nicht aus, eine Schale mit reifen Äpfeln daneben zu stellen. Besser ist es, die Pflanze mit Äpfeln unter eine durchsichtige Glas- oder Plastikhaube zu stellen. Anschließend dauert es noch vier Wochen bis zur Blüte.

Die Farbe der Hochblätter sowie die Wuchsform der Guzmanien variieren stark.

Spiele mit Wasser

Zwischen Muscheln und Seesternen breiten sich in Glasgefäßen Schwimmblattpflanzen aus. Ihre frischgrünen Blätter bezaubern mit ungewöhnlichen Formen. Die Wassergewächse fühlen sich in einem warmen, hellen Wohnraum wohl, da sie meist aus tropischen Gefilden stammen.

Durchsichtige Glasgefäße bieten die perfekte Bühne für **Wasserhyazinthe** *(Eichhornia crassipes)* und **Wassersalat** *(Pistia stratiotes)*. Auf den Boden der schlichten Vasen gibt man Kieselsteine und Muscheln, die mit ihren verschiedenen Grau- und Brauntönen Naturfarben ins Spiel bringen. Im klaren Wasser entfalten sich nun die Blattschönheiten. **Teichlinsen** *(Elodea canadensis)*, **Feenmoos** *(Azolla filiculoides)* und **Schwimmfarn** *(Salvinia auriculata)* wachsen sogar in sehr flachen Schalen. Damit diese ungewöhnliche Deko-Idee lange Freude bereitet, sollte man die Schalen an einen hellen Platz stellen. So werden sich die Pflanzen schon bald vermehren. Besonders reizvoll ist eine solche Erinnerung an das Meer in den Sommermonaten. In dieser Zeit gedeihen die Pflanzen auch am besten. Der Wasserstand sollte immer konstant bleiben. Bilden sich Algen, tauscht man das Wasser aus und befreit die Gefäße von Wasserrändern.

Der Wassersalat präsentiert seine weichen Blattrosetten anmutig in der Glasschale.

Urlaubsgefühle werden durch kleine Accessoires wie Schiffsmodelle, Schnecken, Leuchttürme und Möwen aus Holz geweckt. Auf den Tisch gestreuter Vogelsand sorgt für die passende Dekoration für ein Sommerfest.

Frisches Grün von Gräsern begleitet die Wasserpflanzen wie Schilf am Ufer. **Simse** *(Scirpus cernuus)* und **Kalmus** *(Acorus gramineus)* übernehmen diese Rolle perfekt. Auch benötigen sie viel Wasser. Ebenso kann man niedriges **Zypergras** *(Cyperus alternifolius)* oder den straff aufrechten Horst einer gelb gestreiften **Segge** *(Carex brunnea* 'Variegata') dazustellen, um die Situation abzurunden. Pfiffige Dynamik bringt die **Korkenzieher-Binse** *(Juncus effusus* 'Spiralis') mit ihren spiralig gedrehten Halmen ins Spiel.

Die blasenartigen Stiele der Wasserhyazinthe kommen in der flachen Schale gut zur Geltung.

Wasserpflanzen für die Wohnung

- **Feenmoos** *(Azolla filiculoides)* – winzig, bildet einen Teppich auf der Wasseroberfläche.
- **Schwimmfarn** *(Salvinia auriculata)* – hellgrüne Schwimmblätter, die wie Flügel aussehen, breitet sich flach aus.
- **Froschbiss** *(Hydrocharis morsus-ranae)* – herzförmige Blätter, die auf dem Wasser schwimmen.
- **Wassersalat** *(Pistia stratiotes)* – samtige Blattrosetten mit Ausläufern, wird auch Muschelblume genannt.
- **Wasserhyazinthe** *(Eichhornia crassipes)* – glänzende, rundliche Blätter mit blasenförmig geformtem Stiel, kälteempfindlich.
- **Teichlinse** *(Elodea canadensis)* – heimische Schwimmpflanze.

Tischbrunnen sprudeln

Tischbrunnen sprudeln plätschernd vor sich hin. Die leise Melodie des Wasser wirkt beruhigend und ist nach einem langen Arbeitstag eine angenehme Berieselung, bei der man bestens abschalten kann. Und auch das Auge kann ganz beruhigt sein, denn die Modelle sind mittlerweile topmodern. Unter einer Schale und in bunten Keramikfischen, kleinen Leuchttürmen oder fantasievollen Formen befindet sich die Technik aus Pumpe und Düse. Frische Farben machen die Brunnen zu einem attraktiven Blickfang.

Neben dem Wasserturm hat dieser Brunnen zwei Töpfe, die bepflanzt werden können.

Das sprudelnde Wasser aus dem Fischmaul läuft über Kugeln in den Auffangbehälter.

Vielfach sind die Brunnen direkt mit Pflanzgefäßen ausgestattet. Allerdings sollte man dies nicht nur positiv sehen, denn die integrierten Töpfe sind klein und haben keinen guten Wasserabzug. Am besten stellt man Pflanzen mitsamt Topf hinein, damit keine Staunässe entsteht. Es empfehlen sich Minis von **Efeu** *(Hedera)* und **Mooskraut** *(Selaginella)*. Die kleinen Polster von **Bubikopf** *(Soleirolia)* und **Kletterficus** *(Ficus pumila)* breiten sich rasch aus. Neben dem Brunnen aufgestellt, passen **Zypergras** *(Cyperus)*, **Simse** *(Scirpus)* und **Grünlilie** *(Chlorophytum)* gut.

Wasserspiele sind

Wasserspiele sind im Winter besonders begehrt, weil sie erheblich zur Verbesserung des Raumklimas beitragen. Das bewegte Wasser verdunstet in der warmen trockenen Heizungsluft rasch und erhöht die Luftfeuchtigkeit. Zum einen werden so die Wachstumsbedingungen für die Zimmerpflanzen verbessert, Schildläuse und Spinnmilben treten seltener auf. Auch der Mensch profitiert von dem besseren Raumklima, da es Schleimhäute weniger strapaziert.

Vorsicht, bissige Pflanzen

Die ungewöhnlichen Mechanismen, mit denen die Fleisch fressenden Pflanzen (Carnivoren) auf Insektenjagd gehen, machen sie zu raffinierten Eyecatchern im Zimmer.

▲ **Sarracenia minor** hat ganz schmale und kleine Schläuche. Sie verträgt keinen Kalk und sollte luftig, im Winter auch kühl (10 °C) aufgestellt werden.

▼ **Nepenthes** heißt die Kannenpflanze, die an langen Blattstielen die raffinierten Kannen herunterhängen lässt. Die Hybriden mit großen und intensiv gefärbten Fallen mögen es feucht und warm.

▲ **Sarracenia purpurea,** die Rote Schlauchpflanze, bildet schlauchförmige Blätter. Ihre oberen Blattränder sind raffiniert geformt, um Insekten anzulocken, die dann in den Schlauch mit Drüsensäften fallen.

▼ **Fettkraut** *(Pinguicula moranensis)* stammt aus Mexiko und liebt es warm und feucht. Auf den Blättern sitzen schleimige Drüsenhaare.

▲ **Venusfliegenfalle** *Dionaea muscipula* nennt der Fachmann diese beliebte Pflanze mit raffinierten Klappblättern. Diese haben Fühlborsten, und wenn sich eine Fliege darin verirrt, schnappt die Blattfalle zu. Dadurch wird das Insekt zerdrückt und kann »verdaut« werden. Das Schauspiel der Natur verlockt. Für ein gutes Wachstum mit hoher Luftfeuchtigkeit setzt man die Pflanzen in ein Glasgefäß. Im Winter kühl stellen (10 °C).

Birkenfeige

einmal anders. Die Sorte 'Starlight' von *Ficus benjamina* eignet sich besonders gut, um einen Miniatur-Baum zu formen. Bei diesem Exemplar wächst der Stamm gerade und die Krone baut sich rundlich auf. So kommt das weißgrün gezeichnete Laub an den überhängenden Trieben besonders gut zur Geltung.

Die Azalee

(Rhododendron-Simsii-Hybriden) bringt mit ihren Blüten Farbe in die Miniaturwelten des Bonsai. Häufig werden noch junge oder aus Stecklingen gezogene Exemplare als »Bonsai« angeboten. Doch erst die richtige Pflege macht solche Pflanzen zum wirklichen Bonsai. Um eine harmonische Wuchsform zu erhalten, bedarf es einiger Grundkenntnisse.

Blickfang: Bonsai

Die Kunst des Bonsai hat in Asien ihren Ursprung. Dabei werden Pflanzen durch Beschneiden von Wurzeln und Zweigen sowie das Formieren mit Draht zu Miniaturausgaben alter Exemplare der gleichen Art. Meist werden Bonsai aus Freiland-Gehölzen erstellt, doch sind diese Kostbarkeiten im Zimmer schwer zu Kultivieren. Daher findet man auch Zimmerpflanzen als Bonsai im Angebot. Diese verknorrten, kleinen Kunstwerke bekommen einen besonderen Platz. So bereichern sie die Wohnung mit ihrem besonderen Wuchs und verbreite zugleich asiatisches Flair.

Dieser Ficus

mit knorrigem Stamm wird im Handel als *Ficus salicifolius* angeboten. Sein Wuchs erinnert an einen uralten Baum. Wie alle Feigen bevorzugt er einen ganzjährig hellen Platz im Zimmer. Im Winter steht der Bonsai in einem warmen Raum (18–22 °C). Zum Wässern taucht man das Gefäß in ein Becken, bis sich die Erde voll gesaugt hat.

Die Kirschmyrte

Syzygium paniculatum (Syn.: *Eugenia paniculata)* zählt zu den Myrtengewächsen. Sie stammt aus Australien und hat bis zu sieben Zentimeter lange Blätter. Da sie sehr gut schnittverträglich ist, kann man aus ihr mit viel Geduld einen Bonsai für kühle Plätze formen. Im Winter kann er bis 10 °C kühl stehen, bei guter Lichtsituation auch wärmer.

Gut platziert

Möbel für Pflanzen schaffen oft erst die Möglichkeit, die grünen und blühenden Gewächse optimal in Szene zu setzen, vor allem, wenn etwas tiefere Fensterbänke fehlen. Säulen und Etageren, Regale und Blumenbänke ergänzen zudem die Einrichtung der Wohnung.

Der erhöhte Tisch an der Wand schafft Platz, damit sich Zimmerpflanzen entfalten können.

Damit Grün- und Blütenpflanzen gut zur Geltung kommen, benötigen sie eine Bühne, auf der sie ihre Schönheit zur Schau stellen können. Werden sie immer wieder hin und her gerückt, entsteht leicht der Eindruck, dass sie stören und vielleicht doch überflüssig sind. Daher sollte man gerade für Pflanzen, die sich über Jahre entwickeln sollen, passende Möbel in die Wohnung integrieren. Ein **Schwertfarn** *(Nephrolepis exaltata)* beispielsweise entwickelt erst in einem großen Topf seine elegante überhängende Wuchsform. Auf dem Fensterbrett quetscht er sich, auf dem Tisch versperrt er die Sicht. Stellt man dieses Grünpflanze dagegen auf eine **Säule,** so baut sie sich wundervoll auf, und man kann sogar eine dunkle Ecke des Raumes in die Einrichtung einbeziehen. Der Schwertfarn kommt nämlich mit relativ wenig Licht aus. Ohne die Pflanze wäre der Bereich als totes Eckchen verschwunden. Die Säule kann von der Gestaltung her die Formensprache der übrigen Möbel aufnehmen.

Dort, wo die Fensterbank nur schmal oder gar nicht vorhanden ist, entsteht durch eine **Blumenbank** eine Art Laufsteg für Grün- und Blütenpflanzen. Zugleich wirkt dieses schmale, längliche Möbelstück auch als Übertopf, da die Gefäße durch den vierbeinigen Kasten verdeckt werden.

Eine **Etagere** gibt einer Sammlung von Farnen, Blattschmuckschönheiten oder Blütenpflanzen einen angenehmen Zusammenhalt. Wichtig ist, dass diese Blumenregale nicht zu dunkel stehen, damit die Pflanzen ausreichend Licht bekommen. Nur so ergänzen sich die Blütenformen und füllen die Lücken zwischen Regal und Balkontür, Schrank und Sofa blumig aus.

Viele Pflanzen sind Kunstwerke der Natur. Sie schmücken sich mit Extravaganz. Warum also sollte man ein Bild an die Wand hängen, wenn es die **Fetthenne** *(Sedum morganianum)* oder die kuriose **Henne-mit-Küken** *(Tolmiea menziesii)* ähnlich kann. Dekorative **Wandhalterungen** sind die Bühne für die Töpfe.

Lückenfüller & Platzhalter

Große Pflanzen sind kostspielig und sehr dominant. Wer es abwechslungsreicher mag, der stellt lieber kleinere Pflanzen zusammen. Mit einem entsprechenden Regalboden, einem Klapptisch oder einem Eckregal entsteht der entsprechende Raum für diese kleinen Schönheiten.

Grünpflanzen auf Beistelltischen bieten Platz für den kleinen Dschungel daheim.

Auf der Fensterbank drängen sich kleinere Pflanzen oftmals dicht. Sie bedrängen sich gegenseitig und können ihre Schönheit nicht entfalten. Kleine Möbel sind der Trick, um klassische Topfblumen mitten im Raum einerseits in die Einrichtung zu integrieren und sie andererseits groß herauszubringen.

In der Ecke steht die Eisenetagere. Die bunten Übertöpfe betonen die Gestaltung.

Pfiffig: Regalböden an der Wand schaffen zusätzlichen Platz für Zimmerpflanzen.

Hat man eine Gruppe von Grünpflanzen, die auch an halbschattigen Plätzen gut wachsen, stellt man zunächst in eine leere Zimmerecke dekorative Tabletttische, die auch zusammengeklappt werden können. Nun werden Dieffenbachie *(Dieffenbachia)* und Zierspargel *(Asparagus setaceus)* geschickt kombiniert. Um diese grüne Insel in die Gesamtsituation zu integrieren, verwendet man Efeu *(Hedera helix)*, der locker überhängt, und stellt eine am Moosstab gezogene Purpurtute *(Syngonium)* neben den Tisch.

Will man nichts herumstehen haben, dann helfen Wandregale. Ganz einfach lässt sich ein schlichtes Brett an der Wand montieren, das sich gestalterisch dezent zurückhält. Will man dagegen den Stil der Einrichtung unterstützen, hängt man ein Drahtregal oder ein Modell aus Flechtwerk auf. Beim Kauf sollte man darauf achten, dass die Regale tief genug sind, damit die Pflanzen ausreichend Abstand zur Wand haben.

Die weiße Blumenbank bringt den Blattschmuck der Zimmerpflanzen groß heraus.

Essplatz

Tischlein deck dich – und schmück dich mit Blüten

Hornveilchen in Glasgefäßen schmücken die Kaffeetafel. Darauf lässt sich der Tischschmuck gut anpassen.

Ob Festtafel oder Esstisch, mit ein paar Blumen sieht alles viel schöner aus. Sträuße und Gestecke machen aber meist eine ganze Menge Arbeit. Zimmerpflanzen dagegen sind unkompliziert. Durch ein paar kreative Ideen und hübsche Gefäße bereichert man die Alltagstischdecke mit ein paar Farbtupfern. Für die Pflanzenauswahl ist es wichtig, dass man kleine, eher zierliche Pflanzen auswählt. Schließlich soll noch genügend Platz auf dem Tisch für Geschirr bleiben.

Usambaraveilchen *(Saintpaulia*-Ionantha-Hybriden), **Blaues Lieschen** *(Exacum affine)* oder kleine **Herbstchrysanthemen** *(Chrysanthemum indicum)* zaubern selbst überzeugten Morgenmuffeln ein Lächeln ins Gesicht. Allerdings muss man bei Blütenpflanzen sehr darauf achten, dass der Platz hell genug ist. Bei ungünstigen Standorten empfehlen sich Pflanzen mit auffälligen Blättern oder interessanten Früchten. Das **Korallenmoos** *(Nertera granadensis)* mit orangeroten Beeren, der **Zierpfeffer** *(Capsicum annuum)* oder eine **Punktblume** *(Hypoestes)* mit rosa gepunkteten Blättern schmücken den Tisch im Esszimmer ebenso liebevoll wie Blütenpflanzen. Entscheidend ist es, einen Bezug zur Tischdecke oder zu den Sets herzustellen.

Eine perfekte Tafel

Einfach in der Vorbereitung,

pfiffig in der Wirkung, so kann man die Tischdekoration mit Zimmerpflanzen beschreiben. Gerade wenn man alles selber macht, ist die Zeit in letzter Minute knapp. Topfpflanzen kann man schon zwei, drei Tage vorher vorbereiten. Dann muss man nur noch eindecken.

Das Flammende Kätchen en miniature bildet bunte Blütenbälle in der Schale.

Ein Fest steht ins Haus,

und da stellt sich automatisch die Frage der Tischdekoration. Sie ist für die Gastgeber so etwas wie die Visitenkarte. Pfiffig und selbst gemacht soll sie sein. Natürlich darf sie nicht bei den Gästen abgeschaut sein, und man selber will die Unkosten ja auch nicht in die Höhe treiben. Topfpflanzen bringen Sie ganz schnell auf neue Ideen. Mit lauter kleinen Kakteen in Tontöpfen wird aus der einfachen Grillparty mit den Nachbarn gleich ein Arizona-Barbecue.

Eine Sommerparty bekommt mit Lavendelkränzen und Schalen mit Wasserpflanzen Pfiff.

Primeln und die filigranen Halme der Segge in bunten Gläsern stehen in Reih und Glied.

Wenn der Schwimmverein kommt, dann werden Wasserpflanzen (siehe Seite 27/28) aufgetischt. In zwei flachen Schalen schwimmen die großen Rosetten des **Wassersalats** *(Pistia)* und in den Schnapsgläsern baden Schwimmkerzen zusammen mit etwas Grün vom **Schwimmfarn** *(Salvinia)*.

Im Frühling wird die Geburtstagstafel mit kleinen **Osterglocken** *(Narcissus)* und **Hyazinthen** *(Hyacinthus)* geschmückt, während zum Thanksgiving Töpfe mit **Korallenmoos** *(Nertera)*, Eicheln und Bucheckern dekoriert werden.

Wenn eine Hochzeit ins Haus steht, dann kommen kleine **Myrtenbüsche** *(Myrtus communis)* zusammen mit der weiß blühenden Form des **Blauen Lieschens** *(Exacum affine* 'Album') auf den Tisch. Mit weißen Bändern und kleinen Herzchen wird die Dekoration zwischen den Pflanzen verknüpft.

Die Ideen sind kein Problem,

aber für den Ablauf noch ein paar Tipps: Wenn Sie die Pflanzen fünf Tage vorher kaufen, sollten die Knospen Farbe zeigen. Je nach Witterung kann man das Aufblühen in der Sonne beschleunigen. Keinesfalls dürfen die Pflanzen beim Kauf voll erblüht sein. Einen Tag vor dem Fest wässert man die Töpfe gründlich, dann können sie gut abtropfen und machen beim Fest nicht schlapp.

Es ist angerichtet

Das Sideboard neben dem Esstisch bietet viel Platz für hübsche Dekorationen mit Pflanzen. Sie sollten so gestaltet sein, dass der Schmuck lange hält und die Pflanzen das ganze Jahr im beheizten Raum stehen bleiben können. Außerdem sollte das Grün mit einem eher halbschattigen Platz zurechtkommen.

Zum Abstellen steht neben dem Esstisch ein Teewagen, eine Kommode oder ein Sideboard. Die Fläche wird aber nur zeitweilig genutzt. Mit Pflanzen bekommt sie eine schmückende Funktion und wird zugleich in die übrige Gestaltung einbezogen. Das geht leicht, wenn man Pflanzen, die auch die Regale oder Schränke zieren, zusätzlich an dieser Stelle des Raumes aufstellt. Natürlich darf man keine sehr anspruchsvollen Gewächse auswählen. Meist steht ein Sideboard direkt vor der Wand, sodass die Lichtsituation eher schlecht ist. Doch die weiß gezeichneten Wedel des **Saumfarns** *(Pteris)* können die kleinen Skulpturen oder Bilderrahmen, die ihren Platz auf dem Sideboard haben, gut einbinden. Wer lieber ein paar farbige Blütentupfer setzt, der findet in der **Drehfrucht** *(Streptocarpus)* einen Partner, der unermüdlich blüht, ähnlich wie die kleinen, flaumigen Blattrosetten des **Usambaraveilchens** (*Saintpaulia*-Ionantha-Hybriden).

Kleine Topfschönheiten wie Drehfrucht und Saumfarn werden auf dem Beistelltisch mit Gläsern arrangiert.

Die pflegeleichte Grünlilie bindet die freien Flächen rund um den Esstisch ein.

Am besten stellt man gleich zwei oder drei Pflanzen zusammen, Einzelpflanzen wirken meist ein wenig verloren und unvermittelt. **Topfrosen** *(Rosa chinensis)* muten mit ihrer edlen Schönheit wie ein kleines Blumenbukett an. Allerdings darf man sich nicht allzu viele Hoffnungen machen, dass die Pflanzen sehr lange halten.

Bögen mit grünen Ranken kommen auf dem Beistelltisch ganz groß heraus. **Passionsblumen** *(Passiflora caerulea)*, **Mühlenbeckie** *(Muehlenbeckia complexa)* und **Efeu** *(Hedera helix)* lassen sich um die Drahtgestelle winden. Mit feinem, grünem Bindedraht werden nachwachsende Verzweigungen immer wieder befestigt. Gelegentlich sollte man die Blätter mit etwas Wasser besprühen.

Raffiniert: Das Weinregal hält zwei Efeutöpfe. Die Kletterpflanze begrünt das Gestell.

Blütenzauber auf Gläsern

Hyazinthenzwiebeln kann man auf Gläsern antreiben. Diese Kultur hat lange Tradition. Allerdings muss man für die ersten Wochen unbedingt einen kühlen Raum haben, damit sich ein stattlicher Blütenkolben entwickelt, der im Frühling sein orientalisches Parfüm in der Wohnung verströmt.

Ganz easy:
Die Erde der vorgetriebenen Zwiebeln wird von den Wurzeln gewaschen.

Anschließend setzt man die Zwiebeln in die hohen Gläser, die mit Wasser gefüllt sind.

Wenn man den Winter in den frühen Monaten des Jahres satt hat, ziehen die ersten Hoffnungsschimmer in der Wohnung ein: Vorgetriebene Zwiebelblumen gibt es jetzt in den Läden zu kaufen. Sie wollen einen kühlen Fensterplatz, um ihre Blütenpracht zu entwickeln. Eine besondere Rolle spielen jetzt Hyazinthen. Die dichten Blüten in klaren Farben duften intensiv und süßlich und verbreiten gute Laune im tristen Wintergrau. In alter Tradition werden die Zwiebeln auf Gläsern angetrieben. Im Herbst setzt man die dicken Speicherorgane auf spezielle Hyazinthengläser – die flache Seite nach unten. Die bunten Gefäße sind mit Leitungswasser gefüllt. Damit sich keine Krankheitserreger im Wasser ausbreiten können, sollte man eine Kohlekomprette aus der Hausapotheke dazugeben. Nun wird auf die Zwiebelspitze ein spitzes Papierhütchen gesteckt, und man stellt alles an einen (ca. 5 °C) kühlen, dunklen Ort. Bald bilden sich Wurzeln, dann schiebt sich das Hütchen in die Höhe. Nach etwa acht Wochen kann man die Gläser an einen hellen, kühlen Platz stellen. Nach weiteren drei Wochen öffnen sich erste Blüten.

Leichter geht es, wenn man die Wurzeln vorgetriebener Hyazinthen vom Gärtner von Erde befreit und dann auf die Gläser setzt – wie links im Bild gezeigt. Je kühler die Pflanzen stehen, desto länger halten die Blüten.

Amaryllis auf Gläsern kommen in Mode. Hier entfällt die Prozedur mit dem Hütchen. Wichtig: Die Gläser müssen eine schmale Taille haben, da die Zwiebeln während der Blüte schrumpfen.

Für Amaryllis gibt es größere Gläser, die auf die Proportionen abgestimmt sind.

Küche

Zwischen Pfannen, Schüsseln und der Rührmaschine

Farne geben dem Platz am Spülbecken einen lebendigen grünen Rahmen.

Auf den ersten Blick erscheinen Pflanzen in der Küche unpraktisch. Welke Blätter zwischen dem Essen und fettige Luft, die sich auf dem Laub absetzt, sprechen scheinbar dagegen, dass auch die Küche mit Zimmerpflanzen geschmückt wird. Doch die Küche ist ein Arbeitsraum, und da kann die grüne Motivation nicht schaden. Dort, wo man keine Gardinen hat, kann man mit Grünpflanzen einen gewissen Sichtschutz vor dem Fenster aufbauen, ohne dass der Raum gleich viel dunkler wird. Und manche Pflanzen wie beispielsweise Gewürzkräuter sind doch auf keiner anderen Fensterbank so gut aufgehoben wie in der Küche. Eine Drehung nach dem Zwiebelschneiden, und schon hat man das würzige Grün für den Salat geerntet. Noch mehr Sinn macht die grüne Bereicherung zwischen Herd und Spülbecken, wenn man in der Küche einen Sitzplatz für das Frühstück eingerichtet hat. So wird es gleich viel wohnlicher, und das Frühstückseckchen bekommt ein bisschen mehr Gemütlichkeit.

Natürlich macht es Sinn, sich nicht allzu große Zimmerpflanzen in die Küche zu holen. Mit einigen dekorativen **Farnen, Zierspargel** *(Asparagus)* oder einer kleineren **Hortensie** *(Hydrangea)* ziehen Pflanzen ein, die auf der Fensterbank gut stehen können. Da der Wasserhahn nicht weit entfernt ist, kann man sich leicht angewöhnen, regelmäßig zu gießen, was den Pflanzen sehr zugute kommt.

Nur beim Lüften muss man aufpassen, dass die Pflanzen Zugluft vertragen. Will man den Dunst vom Kochen ablüften, sollten die Topfschönheiten sicherheitshalber an die Seite gerückt werden, damit sie keinen Schaden nehmen. Ideal für kleine Küchen sind Ampeln. Ein **Hänge-Steinbrech** *(Saxifraga stolonifera)* oder die **Henne-und-Küken** *(Tolmiea menziesii)* machen sich dadurch beliebt, dass sie keinen kostbaren Stellplatz belegen. Achten Sie darauf, dass die hängende Töpfe beim Arbeiten nicht stören.

Gut gewürzt

Kräuter und Küche gehören zweifellos zusammen. Das aromatische Grün steht immer bereit, um Soßen, Suppen und Salate zu würzen. Doch eigentlich sind Majoran, Schnittlauch und Basilikum Gartenpflanzen. Den Platz auf der Fensterbank muss man ihnen mit Licht und Luft schmackhaft machen.

Schnittlauch, Petersilie und Basilikum dürfen in der Salatküche im Sommer nicht fehlen.

Am Fenster stehen

Kerbel, Schnittlauch und Thymian am besten, denn je mehr Licht das würzige Grün bekommt, desto kräftiger ist das Aroma. Es lohnt sich kaum, die Gartengewächse auf dem Fensterbrett aus Samen anzuziehen, da es das ganze Jahr vorgezogene Kräuter in jedem gut sortierten Frischemarkt neben Äpfeln, Kartoffeln und Co. gibt. Der Trick beim Dekorieren besteht vor allem darin, dass man der Sammlung mit Hilfe ähnlicher Übertöpfe Zusammenhalt gibt. Wer unsicher ist und die Kräuter noch nicht so richtig kennt, steckt ein Etikett dazu, damit der Dill am Lachs und der Thymian auf der Pizza landet.

Mehrere gleiche Töpfe unterstreichen das Kräuterthema auf der Fensterbank.

Frische Asia-Salate bekommt man selten im Handel. Am Fenster kann man sie selbst ziehen.

Ganz frisch werden die Kräuter geerntet und verarbeitet. Das schont das Aroma.

Für mediterrane Kräuter

wie Rosmarin, Thymian und Salbei sollte die Fensterbank sonnig sein, damit sich auch die feinwürzigen Geschmacksnoten entwickeln. Weichblättrige Kräuter wie Petersilie, Estragon und Kresse kommen dagegen auch mit einem hellen bis halbschattigen Platz klar. Beim Ernten schneidet man immer einzelne Triebe und Spitzen heraus, sodass die Pflanzen ansehnlich bleiben und sich weiter verzweigen. Außerdem dreht man die Töpfe immer ein paar Zentimeter, damit alle Seiten gleichmäßig Licht bekommen.

Minis kommen groß raus

Platzsparend bringt man mit den Zwergen zwischen Kaffeemaschine und Kühlschrank ein paar Farbtupfer unter. Meist handelt es sich um alte Bekannte, wie Gerbera, Flammendes Käthchen oder Efeu. Blattpflanzen fügen sich dezent in die Kücheneinrichtung ein und sorgen für die grüne Untermalung.

Stellflächen sind in der Küche Mangelware, schließlich braucht man die Arbeitsplatten zum Schneiden, Rühren, Kneten und Anrichten. Dennoch ist es nicht von der Hand zu weisen: Mit Blumen macht die Arbeit mehr Spaß. Also besinnt man sich auf die kleinen Zimmerpflanzen. Gemeint sind damit nicht etwa Bonsaiformen, sondern kleine bewurzelte Stecklinge, die bereits blühen. Das Angebot ist breit gefächert, und man findet für jeden Geschmack das Passende.

Als Single braucht man nicht so viel Obst. Der Platz auf der Etagere wird mit Minis gefüllt.

Mini-Begonien kommen in der Jumbo-Tasse groß raus, zumal die Blütenfarben zum Design passen.

Auf dem Tablett lassen sich die Minis schnell an die Seite räumen, wenn der Platz knapp wird.

Wirklich praktisch sind Minis, wenn man sie auf einem Tablett, einer Porzellanplatte oder einem Baguettekorb zusammenstellt. Denn so ist es tatsächlich nur ein Handgriff, um das Sammelsurium aus Glockenblumen, Efeukranz, Gerbera und Jasmin an die Seite zu stellen, wenn man für das heiße Backblech oder das schmutzige Geschirr den Platz benötigt. Die Vielfalt der Pflanzen, die als »Minis« angeboten werden, ist relativ groß, und so ist es nur eine Frage des persönlichen Geschmacks, welche Pflanzen man zusammenstellt. Manch einer wird sich auf eine Blütenfarbe beschränken, andere bevorzugen den Farbenmix mit einer Art. Und warum sollte man nicht auch die Jahreszeiten in die Küche holen: Narzissen im Frühling, Kreuzblume im Sommer, und im Herbst Korallenmoos mit ein paar Zierkürbissen.

Gefallen muss die Mischung, und dabei sollte man hinsichtlich der Farben auch immer auf die Kücheneinrichtung achten, damit sich die Pflanzen leicht einfügen und das Ambiente geschmackvoll bereichert wird.

Sie sind die Aufmunterung im Alltag und verbreiten Fröhlichkeit. Das Besondere ist, dass sie tatsächlich überall Platz finden. Der kleine **Flaschenbaum** *(Beaucarnea recurvata)* nimmt mit seinen langen Blättern den Platz neben den Teedosen ein, während sich ein **Blaues Lieschen** *(Exacum affine)* im Gewürzregal als Auflockerung hervortut.

Man kann die Zwerge der Zimmerpflanzen überall verteilen, und wenn sich Besuch spontan ansagt, dann sammelt man sie zusammen und stellt sie als Dekoration auf den Esstisch.

Jutebänder verstärken die Rosatöne der Azaleen-Miniaturen und kaschieren die Töpfe.

Allerdings sind die Pflanzen meist nicht besonders langlebig. Das hat zwei Gründe: Weil man überall ein freies Eckchen für sie findet, leiden sie meist unter dem Standort. Schlechtes Licht ist die eine Sache, die andere ist die Vergesslichkeit. Ein anderer Aspekt dagegen ist die Tatsache, dass Minis in der Regel Jungpflanzen sind. Sie sind also mitten im Wachstum. Der Wurzelballen ist kräftig, aber das Volumen des Topfes reicht nicht aus.

Daher sollte man Minis gut pflegen, damit man lange etwas von den Zwergen hat. Anstatt die Pflanzen zu gießen, gewöhnt man sich an, sie zu tauchen. Der Ballen muss sich richtig gut mit Wasser voll saugen können. Und wenn man den **Efeu** *(Hedera helix)* oder die **Topfrose** *(Rosa chinensis)* in einen etwas größeren Topf umtopft, wird sich bald zeigen, dass die Pflanzen wieder neu durchtreiben.

Für die Wirkung der Minis spielt der Übertopf eine wichtige Rolle. Meist haben die kleinen Pflanzen ja nur eine oder zwei Blüten. Damit diese stärker auffallen, wählt man ein Gefäß im gleichen Farbton. Das verstärkt den Eindruck. Dabei muss man nicht immer gleich neue Töpfchen kaufen. Nehmen Sie Papierservietten oder breite Schleifenbänder, hübsche Stoffreste oder Farbtopf und Pinsel, um die Farben harmonisch aufeinander abzustimmen.

Zimmerpflanzen im Mini-Format

- **Flamingoblume** *(Anthurium*-Hybriden)
- **Begonien** *(Begonia*-Arten)
- **Glockenblume** *(Campanula isophylla)*
- **Herbstchrysantheme** *(Chrysanthemum indicum)*
- **Gerbera** *(Gerbera jamesonii)*
- **Efeu** *(Hedera helix)*
- **Flammendes Käthchen** *(Kalanchoe blossfeldiana)*
- **Azaleen** *(Rhododendron*-Hybriden)
- **Topfrose** *(Rosa chinensis)*
- **Usambaraveilchen** *(Saintpaulia*-Jonantha-Hybriden)
- **Einblatt** *(Spathiphyllum floribundum)*

Bubis grünes Köpfchen

Kompakte Polster sind das Erkennungsmerkmal des Bubiköpfchens. Die glasigen Triebe sitzen voller kleiner, runder Blättchen. Sie stehen dicht nebeneinander und verzweigen sich gut, sodass der Eindruck eines festen grünen Kissens entsteht.

Wie eine frischgrüne Perücke wirkt das Blattwerk des Bubikopfes im Elefantentopf.

Das frische Grün des Bubiköpfchens *(Soleirolia soleirolii)* erweist sich als dezenter Muntermacher am Arbeitsplatz in der Küche. Die Pflanzen entwickeln sich rasch zu einem halbkugeligen Polster auf jedem Topf. In der Küche macht es sich vor allem dadurch beliebt, dass sein Wuchs so kompakt ist, dass er nicht bei der Arbeit stört und man nie irgendwelche rieselnden Blätter oder welken Blüten auf der Anrichte hat.

Damit der Stellplatz für den Bubikopf die Arbeitsfläche nicht einschränkt, sind schlanke Gefäße zu bevorzugen. Mit klassischen Vasen macht sich eine gewisse Eleganz breit. Röhrenförmige oder hohe eckige Töpfe wirken dagegen sachlich und modern. Setzt man die grünen Polster dagegen in einen Übertopf mit einem Gesicht, wirkt das Grün wie eine lockige Haarpracht, die einen bei den Routinearbeiten des Haushalts ab und an erheitert. Abwechslung bringt man durch verschiedene Grüntöne ins Spiel, denn je nach Sorte ist das Blattwerk mal dunkel- und mal hellgrün gefärbt.

Gelbe Keramikblüten lockern das grüne Polster des Bubiköpfchens charmant auf.

Oder man kombiniert die Polster mit Pflanzen, die ähnlich wachsen. Das **Korallenmoos** *(Nertera granadensis)* ähnelt im Blattwerk dem Bubikopf, die flachen grünen Polster sitzen aber zugleich voller orangefarbener Beeren. Für schattige Plätze eignet sich auch das **Mooskraut** *(Selaginella)*.

TIPP

Schneiden lässt sich der Bubikopf ganz problemlos. Mit einer Küchenschere stutzt man die Pflanzen in regelmäßigen Abständen, damit sich feste kleine Polster bilden. Es werden immer nur die oberen und sehr lange Triebe weggenommen. Wenn man zu tief in die Kissen schneidet, sehen sie zunächst unschön aus und brauchen ein paar Wochen zum Erholen.

Es gibt verschiedene Sorten von Bubiköpfen, die sich vor allem in der Farbe unterscheiden.

Aus den dicken Kernen der Avocado wachsen kräftige Sämlinge mit großen Blättern.

Exotic Fruits – selbst gezogen

Tropische Früchte findet man mittlerweile in jeder gut sortierten Obsthandlung. Sind die Früchte durch und durch reif, dann kann man dem erfrischenden Genuss ein kleines Abenteuer folgen lassen: Die Kerne werden ausgesät, und schon bald zeigt sich, wie die gesamte Pflanze aussieht.

Im Fruchtfleisch von Passionsfrucht, Dattel, Grapefruit, Litchi und Avocado liegen meist dicke Kerne eingebettet. Es sind die Samen dieser exotischen Köstlichkeiten. Sie machen neugierig, und gerade mit Kindern macht es Spaß, die fremden Pflanzen genauer kennen zu lernen.

Zur Aussaat müssen die Samen vorsichtig aus dem Fruchtfleisch herausgelöst werden. Dabei sollte die Haut nicht beschädigt werden. Sitzen viele kleine Kerne dicht nebeneinander, wie bei Passionsfrucht und Papaya, gibt man die Kerne in ein Küchensieb und spült sie unter laufendem Wasser ab. Anschließend legt man sie zum Trocknen für einen Tag auf etwas Zeitungspapier. Zum Aussäen nimmt man Aussaaterde und füllt die Töpfe bis vier Zentimeter unter den Rand. Nun werden die kleineren Samen darauf gelegt. **Dattelkerne** quellen drei Tage in warmem Wasser vor. Die dicken Kerne der **Avocado** werden mit der dicken Seite nach unten auf die Erde gesetzt. Nun füllt man etwas Erde auf. Die Avocadokerne müssen wie im Bild oben zur Hälfte herausstehen.

Mit Hilfe einer Plastikhaube oder einem Glas, das über die Töpfe gestülpt wird, entsteht ein feucht-warmes Treibhausklima, das die Keimung anregt. Die meisten Exoten brauchen einen hellen, warmen Standort.

Die Kerne der Passionsfrucht werden unter fließendem Wasser gereinigt und ausgesät.

Natürlich bleibt die Kultur der Exoten im Zimmer immer ein Experiment. Daher sollte man sich keine großen Hoffnungen machen, dass man vom Avocadobaum neben dem Sofa je eine reife Frucht ernten kann. Eine Ausnahme sind **Zitrusbäumchen,** die manchmal orangegelbe Früchte hervorbringen. Allerdings sollten sie beim ersten Biss in das saftige Fruchtfleisch bedenken, dass diese Orangen, Kumquats und Limetten ohne das Zutun der südlichen Sonnenstrahlen gereift sind.

Schon ein bis zwei Wochen nach der Aussaat keimen die Kerne der Papaya-Frucht.

Badezimmer

Wenn der Platz Mangelware ist

Eine Dreiergruppe von Blauen Lieschen verleiht dem Waschtisch eine frische Note.

Viel Wärme und eine hohe Luftfeuchtigkeit sind typisch für das Klima im Badezimmer. Auf den ersten Blick scheinen diese Bedingungen für viele der tropischen Zimmerpflanzen geradezu ideal. Aber nur selten ist dieser Raum großzügig bemessen. Zudem sind die Fensterflächen klein, die Himmelsrichtung eher nach Norden ausgerichtet, und vielfach wird der Lichteinfall durch mattes oder strukturiertes Glas oder eine blickdichte Jalousie gemindert. Funktionalität wird groß geschrieben, da bleibt das Wohlgefühl manchmal auf der Strecke. Umso wichtiger ist es, dass man trotz eines beengten Zuschnitts und der schlechten Lichtsituation Grünpflanzen in die Einrichtung integriert. Schließlich wird das Bad dadurch wohnlicher, und man beginnt den Tag gleich gut gelaunt. Auch am Abend macht es mehr Spaß, den Tag in einer grünen Wellness-Oase zu beschließen. Bei alldem kommt es nicht darauf an, dass man viele Grünpflanzen aufstellt.

Wie ein Gras wächst der Schlangenbart mit seinen riemenförmigen Blättern.

Der dichtgrüne Schopf des Zimmerbambus schmückt den Rand der Badewanne.

Das Gefühl von Fülle entsteht auch durch dichtbuschige Grünpflanzen mit zahlreichen kleinen Blättern, wie beispielsweise einem **Zimmerbambus** *(Pogonatherum paniceum)* und **Schlangenbart** *(Ophiopogon jaburan)*. Einen ähnlich Effekt haben Topfblumen mit zahlreichen Einzelblüten, wie **Blaues Lieschen** *(Exacum affine)*. In einem sehr kleinen Bad setzt man auf einzelne große Blätter wie die des **Nestfarns** *(Asplenium nidus)*, damit zusätzliche Pflanzen nicht das Engegefühl verstärken.

Ist es sehr dunkel, sodass selbst Pflanzen für schattige Plätze nur schlecht wachsen, sollte man eine Pflanzenleuchte installieren. Hängelampen oder auch ein Spot werden direkt über beziehungsweise an der Pflanze installiert. Am besten schließt man sie über eine Zeitschaltuhr an den Stromkreis an, damit die Pflanzen regelmäßig Licht bekommen.

Von Gräsern und Farnen

Mit den Bedingungen im Badezimmer kommen die grünen Waldbewohner mit schmucken Wedeln und die feuchtigkeitsliebenden Gräser sehr gut zurecht. Das ist ein guter Grund, diese Pflanzengruppen einmal genauer hinsichtlich der Gestaltungsmöglichkeiten zu betrachten.

Wedel heißen die Blätter der Farne, die zu den ältesten Pflanzen der Erde zählen. Farne gibt es in verschiedensten Formen, in der Erde wurzelnd wie den **Frauenhaarfarn** *(Adiantum raddianum)* oder auf Bäumen wachsend wie den **Geweihfarn** *(Platycerium bifurcatum)*. Und ganz typisch für Farne ist ihre Vorliebe für luftfeuchte Standorte mit wenig Licht.

Der Nestfarn entfaltet sich dekorativ und Platz sparend in den hohen Gefäßen.

TIPP

Feuchte Luft herrscht im Badezimmer, was diesen Raum vor allem für Pflanzen beliebt macht, die mit trockener Heizungsluft nicht zurechtkommen. Beachten sollte man, dass die hohe Luftfeuchtigkeit die Bodenfeuchte zum Teil ersetzt und man weniger gießen muss. Als »Kuraufenthalt« für Pflanzen, die von Spinnmilben und Schildläusen befallen sind, eignet sich das feuchte Bad. So sterben die Schädlinge rasch ab, und die Pflanzen können aufatmen.

Zart wie Federn wirken die stumpfgrünen Fiederblättchen des Frauenhaarfarns.

Die meisten Farne haben einen horstartigen Wuchs. Aus dem Wurzelstock wachsen die Stiele der Wedel und bilden eine mehr oder weniger buschige Form. Wie eine grüne Quaste wirkt der **Frauenhaarfarn** *(Adiantum raddianum)* mit seinen zarten Fiederblättchen. Die drahtigen Stiele geben ihnen einen robusten Halt. Diese Schönheit verbreitet angenehme Leichtigkeit, und meist werden die Pflanzen nicht so groß. Man findet neben dem Waschbecken oder am Rand der Badewanne immer einen passenden Platz.

Für den **Schwertfarn** *(Nephrolepis exaltata)* braucht man dagegen schon etwas mehr Platz. Ein hohes Handtuchregal, eine Säule oder ein breites Fensterbrett muss man schon als Stellfläche für diesen Farn einplanen. Er wirkt sehr robust, aber durch die weit übergeneigten Wedel fügt er sich mit Eleganz in die Situation ein.

Wer in einem kleinen Badezimmer eine gewisse Großzügigkeit verbreiten will, kommt mit dem **Nestfarn** *(Asplenium nidus)* bestimmt auf den Trichter. Denn so sind die frischgrünen Wedel angeordnet. Sie werden im Zimmer knapp einen halben Meter lang und sind von einer schwarzbraunen Mittelrippe längs geprägt. Da sich die Wedel straff nach oben aufrichten, nimmt dieser Farn nicht allzu viel Platz in der Breite ein. Zugleich wirken seine glänzenden Wedel großzügig. In seiner Heimat wächst der Nestfarn auf Bäumen und sammelt in dem Trichter Wasser.

Robustheit wird bei den Farnen im Badezimmer gerne gesehen. Daher hat sich der **Saumfarn** *(Pteris)* mit seinen verschiedenen Arten und Sorten dort einen Namen gemacht. Die eher kurzen, buschig wirkenden Wedel stehen straff nach oben und haben eine stark variierende gelbgrüne Zeichnung. Wellige Ränder sorgen für zusätzliche Abwechslung. Ein Mix aus unterschiedlichen Formen bildet im Badezimmer hübsche Gruppen, die durch große Muscheln oder Kieselsteine aufgelockert werden. Der **Knopffarn** *(Pellaea rotundifolia)* trägt kleine, knopfartige Fiederblättchen, die ledrig wirken. Die Wedel entfalten sich locker übergeneigt, und lassen sich in einem Regal, auf einer Ablage oder in einem Wandgefäß besonders gut zur Geltung bringen.

Wie eine kleine Fontäne stehen die Wedel des Saumfarns nach allen Seiten ab.

Gräser machen sich in der

privaten Wellness-Oase vor allem durch das frische Grün ihrer Halme beliebt. Der Schopf einer **Simse** *(Scirpus cernuus)* scheint sein Grün wie ein Wasserstrahl in alle Richtungen zu sprühen. Am schönsten sind sie mit ihrem natürlichen Wuchs, durch die Kombination mit einer Plastikröhre bekommen sie allerdings eine Art Stamm, der eine etwas Platz sparendere Aufstellung ermöglicht.

Für die grasgrünen Schöpfe der Simse findet man auch am Waschbecken noch Platz.

Das **Zypergras** *(Cyperus alternifolius)* löst bei Platzmangel die Frage nach der passenden Badezimmerpflanze. Durch seinen straff aufrechten Wuchs wird es nicht breiter als der Durchmesser des Topfes, in dem es wächst. Man muss nur aufpassen, dass die Pflanzen, die es gerne richtig nass um die Wurzeln mögen, frei von Trauermücken bleiben. Dazu deckt man die Erde mit Murmeln, Muscheln oder Schnecken ab, sodass diese sich nicht so leicht ausbreiten können. Notfalls setzt man eine Gelbtafel ein, um den Befall zu reduzieren.

Breit ausladend, aber erfrischend grün wächst der **Zimmerbambus** *(Pogonatherum paniceum)*. Die dünnen Halme sind mit schmalen grünen Blättern besetzt, die dem gesamten Horst einen wuscheligen Eindruck verleihen. Man muss für dieses Gras schon etwas mehr Platz einplanen. Besonders gut wirkt es in einem Topf, der eine rundliche Form hat, weil so die Silhouette des Wuchses nochmals aufgegriffen wird. Die Pflanze sollte vor Zugluft geschützt werden.

Kurios und bizarr

entfaltet der **Geweihfarn** *(Platycerium bifurcatum)* seine Wedel in Ampeln. Dies ist die bevorzugte Art, diesen tropischen Farn im Badezimmer oder in anderen halbschattigen Räumen zu platzieren. Es erinnert an seinen natürlichen Standort, denn er wächst ursprünglich auf Bäumen. Ein großes braunes »Nischenblatt« an der Basis wirkt wie ein abgestorbener Wedel. Es darf allerdings nicht entfernt werden, denn darin sammelt der Farn Wasser und ursprünglich auch herabfallende Pflanzenreste, um sich zu ernähren. Auch die feinen Schuppenhaare auf den Wedeln, die wie Staub aussehen, darf man nicht abwischen – damit nimmt er Luftfeuchte auf. Am besten stellt man ihn regelmäßig in die Badewanne und braust ihn ab. So ungewöhnlich dieser Farn mit seinen Elchgeweih-Wedeln auch wirkt, er sorgt für Raffinesse und einen spannenden Blickfang zwischen Dusche und Bidet.

Robust und unverwüstlich ist der Schwertfarn, der seine Wedel elegant über den Wannenrand hängen lässt.

Schlafzimmer

Wo zarte Blütenträume die Fantasie anregen

Die frischgrüne Wand lässt das angestaubte Image der Klivie leicht vergessen.

Mit ein paar Blüten kehrt Harmonie in den Schlafraum ein. Und dadurch, dass dieser Raum meist nur wenig geheizt wird, ist er optimal, um einigen Schönheiten auch im Winter perfekte Lebensbedingungen zu bieten.

Allerdings sollte man sich darüber im Klaren sein, dass manche Pflanzen die nächtliche Erholung auch stören. So können beispielsweise stark duftende Blütenpflanzen, wie **Jasmin** *(Jasminum nudiflorum)* und **Wachsblume** *(Hoya bella)* den Schlaf beeinträchtigen und die Ursache für Kopfschmerzen am Morgen sein.

Blütenschönheit neben dem Bett

- **Kamelie** *(Camellia japonica)* – Winterblüher, nur weiches Wasser verwenden.
- **Pentas** *(Pentas lanceolata)* – Winterblüher, Trugdolden in zartem Rosa.
- **Hortensie** *(Hydrangea macrophylla)* – Blüte ab April, Blütenbälle in Rosa, Weiß und Blau.
- **Klivie** *(Clivia miniata)* – langlebiger Frühjahrsblüher, blüht nach trockenem, kühlem Aufenthalt im Winter.

Ein kühles Eckchen am Fenster, und Alpenveilchen werden zu Dauerblühern.

Kühle Erscheinungen

Wenn man sich bei den blühenden Zimmerpflanzen einmal genauer umsieht, entdeckt man, dass eine ganze Reihe von Arten einen kühlen Platz gegenüber einem beheizten Raum vorziehen. So halten die Blüten länger und man wird den Pflanzen in ihren Ansprüchen viel besser gerecht.

Im Winter verlocken die liebevollen Blüten der **Alpenveilchen** *(Cyclamen persicum)*. Am Schlafzimmerfenster oder auf dem Schminktisch kommen die dicht nebeneinander stehenden Blüten gut zur Geltung. Auch das meist raffiniert gezeichnete Blattwerk lädt zu kleinen Tagträumereien ein. In der kühlen Luft des Schlafzimmers halten die Blüten sehr lange. Allerdings muss man behutsam gießen und die Knolle nicht benetzen, denn sie verträgt es wie die Wurzeln nicht, wenn sie zu nass und kalt steht. Also lieber öfter und wenig gießen.

Zur gleichen Zeit beginnt für die **Azaleen** *(Rhododendron*-Simsii-Hybriden) die Saison. Mit ihren Vorlieben verhält es sich ganz ähnlich. Für die Gestaltung aber gibt es den Unterschied, dass diese Gehölze in den verschiedensten Größen angeboten werden. Mit einem Hochstamm kann man also auch einen Akzent neben dem weißen Korbsessel setzen, oder man stellt auf den Nachttisch eine Mini-Azalee, die nicht viel Platz wegnimmt. Der Blütenzauber und die zarten Farben sorgen für romantische Stimmung und ein angenehmes Ambiente, das Entspannung verheißt.

Die kühle Atmosphäre im Schlafzimmer wird von weiß blühenden Azaleen unterstrichen.

In den Frühlingswochen heißen die heimlichen Helden im Schlafzimmer **Pantoffelblumen** *(Calceolaria*-Hybriden). Die getigerten, goldgelben Blüten stehen dicht über dem Laub und verbreiten Lebensfreude. Und sie kommen nicht allein, denn eine ganze Reihe von Frühjahrsboten bevorzugen das kühle Klima des Schlafzimmers: **Primeln** *(Primula)*, **Narzissen** *(Narcissus)* und warum nicht auch ein paar **Hornveilchen** *(Viola cornuta)* und **Maßliebchen** *(Bellis perennis)*. Nur ganz zögerlich schreitet die Entwicklung der Knospen voran, sodass die Vorfreude auf das Ende des Winter gesteigert wird.

Romantische Gefühle machen sich breit, wenn die rosa Azaleen die Wäschetruhe verzaubern.

Wie bei Großmuttern

Old fashioned, ja sogar unmodern ist so manche Zimmerpflanze, aber es hängen doch so viele schöne Erinnerungen daran. Diese Pflanzen mit ihrem unvergessenen Charme finden im Schlafzimmer ein Refugium, wo man ganz ungezwungen in der guten alten Zeit schwelgen kann.

Der gute alte Bogenhanf lässt sich auch in moderne Gestaltungen problemlos einbinden.

Die Mode macht auch vor Zimmerpflanzen nicht Halt. Und so wie manche »neue« Pflanze, wie beispielsweise der **Zieringwer** *(Curcuma alismatifolia)*, immer häufiger in den Blumenläden zu sehen ist, so verschwinden andere. Doch einige rettet man ja auf der Fensterbank auch über die Zeit hinweg, bekommt einen Ableger geschenkt oder erbt Einzelexemplare, an denen Gefühle und Herzensdinge hängen. Für diese bietet die Fensterbank im Schlafzimmer aus verschiedenen Gründen ein ideales Plätzchen. **Edelpelargonien** *(Pelargonium*-Grandiflorum-Hybriden) und **Zierklee** *(Oxalis tetraphylla)* standen im Winter bei Großmutter auf der Fensterbank und blühten. Da werden Erinnerungen an die Herbstferien wach, aber auch vieles andere wie der Duft der Wäsche fallen uns wieder ein. Solche persönlichen Gedanken brauchen ihren Platz. Ähnlich ist es mit der **Zimmertanne** *(Araucaria heterophylla)*. Sie passt nicht ins Wohnzimmer, aber in der Weihnachtszeit hat sie wie früher den großen Auftritt im adventlich geschmückten Raum.

Edelpelargonien blühen bereits im Frühling auf der Fensterbank im Schlafzimmer.

Etagenförmig baut in der Schlafzimmerecke die hohe Zimmertanne ihre Zweige auf.

Auch die **Klivie** *(Clivia miniata)* gehört zu den Fensterbankschönheiten, die vererbt werden, und mit den orangefarbenen Blütenständen sorgt sie im Schlafzimmer für etwas Pepp und frische Stimmung.

Für diese Pfanzen auf der Fensterbank ist es kein Problem, wenn sie kühl stehen. Aber wenn man lüftet, dann muss man vor allem bei Temperaturen unter 0 °C darauf achten, dass die Pflanzen weder im Zug stehen noch der kühle Luftschwall durch die Blätter zieht. Daher ist es praktisch, wenn man einen kleinen Abstelltisch bereitstellt, auf den die Pflanzen nachts ausweichen können. Außerdem ist es im Winter nicht zu empfehlen, die Gardinen zu schließen, sonst wird es bei Sonnenschein viel zu warm.

Ruheplatz für Exoten

Die Kübelpflanzen, die im Sommer Balkon und Terrasse schmücken, brauchen einen frostfreien Platz zum Überwintern. Manche Pflanze aus dem Topfgarten kann in der dunklen Garage oder im Keller stehen. Für alle, die es hell mögen, eignet sich das Schlafzimmer besser als Winterquartier.

Voraussetzung für den Erfolg bei der Überwinterung zwischen Schlafzimmerschrank und Wäschekommode ist ein kühler heller Raum. Schönheiten wie der **Kartoffelstrauch** *(Lycianthes rantonnetii)*, die **Strauchmargerite** *(Argyranthemum frutescens)* und die **Zitrusbäumchen** *(Citrus)* fühlen sich in diesen Räumen sehr wohl. Sie kommen zur Ruhe, wachsen nicht, aber zugleich bleibt das Laub an den Trieben, und im Frühjahr treiben sie rasch wieder durch. Auch **Granatapfel** *(Punica granatum)*, **Bougainvillee** *(Bougainvillea)* und die **Duftpelargonie** *(Pelargonium)* halten in diesem Winterquartier gerne Ruhe. Durch die niedrige Temperatur ist trockene Luft im Grunde selten ein Problem, aber dennoch sollte man sich immer wieder etwas Zeit nehmen und die Pflanzen auf eventuelle Schädlinge untersuchen. Nur selten notwendig ist das Gießen. Der Verbrauch ist gering, und Nässe zählt zu den Auslösern für Fäulnis.

Im Winter fühlen sich die Orangenbäumchen im hellen, kühlen Schlafzimmer wohl.

Vor dem Einräumen ins Schlafgemach reinigt man die Töpfe gründlich mit einer Bürste. Große Töpfe mit **Fuchsien** *(Fuchsia)*, **Wandelröschen** *(Lantana*-Camara-Hybriden) oder anderen Schätzen aus dem Topfgarten sollten nicht direkt auf dem Boden stehen. Verwenden Sie einen Rolluntersetzer, dann kann man die Pflanzen leicht bewegen, und zugleich zirkuliert die Luft unter dem Topf. Durch den Standortwechsel werden in den ersten Wochen einige Blätter abgeworfen. Diese sollte man absammeln, damit sich hier keine Schädlinge einnisten.

Zeigt der Kalender April, wird es für die Stubenhocker Zeit, sich wieder an die frische Luft zu gewöhnen. Am besten stellt man die Pflanzen nun zunächst an einen geschützten Platz im Freien. Die Blätter müssen sich erst langsam wieder an die kräftige Sonne gewöhnen. Trübe Tage sind dazu ideal. Für den Fall, dass es nachts nochmals friert, hält man Vlies und Strohmatten bereit. Sie helfen, die Minusgrade abzuwehren. Ein kräftiger Rückschnitt der Triebe sorgt für den Neuaustrieb und kurbelt damit das Wachstum wieder an. Gleichzeitig kratzt man die obere Erdschicht ab und füllt frische Erde auf. Alle zwei bis drei Jahre topft man die Pflanze komplett um.

TIPP

Im Oktober bereitet man die Exoten auf die Winterruhe vor. Dazu stellt man sie an einen sonnigen, regengeschützten Platz, damit der Ballen abtrocknet. Heruntergefallene Blätter sammelt man auf, denn hier nisten sich gerne Pilzkrankheiten ein, die dann im Winterquartier ausbrechen. Samenkapseln und Blütenknospen schneidet man ab, da sie die Pflanzen nur übermäßig viel Kraft kosten.

Flur

Ein grünes Empfangs-komitee für die Gäste

Hübsch füllen schlank wachsende Palmlilien und Pachira die Ecke neben dem Fenster aus.

Ein herzliches Willkommen rufen die Pflanzen im Flur den Gästen entgegen. Doch der Raum hat so seine Eigenheiten. Es gibt nur wenig Licht, und auch der Platz ist nicht gerade üppig vorhanden. Immer steht etwas Überflüssiges im Weg, und das Auf und Zu der Tür lässt kein gleichmäßiges Raumklima aufkommen.

Doch eines ist klar: Pflanzen könnten die Atmosphäre deutlich verbessern und auch dafür sorgen, dass sich schon im Eingangsbereich etwas mehr Wohnlichkeit breit macht. Dann wäre also nur noch das Problem mit dem Platz. Schlanke Zimmerbäume sind eine Lösung, zumal es unter ihnen ein paar wirklich robuste Arten gibt, wie beispielsweise den **Drachenbaum** *(Dracaena fragrans)* und, wenn es etwa heller ist, sogar die **Palmlilie** *(Yucca aloifolia)*. Diese Pflanzen haben kräftige Stämme, an deren Ende sich der grüne Blattschopf entwickelt. Kühle Wintertemperaturen sind für sie kein Problem.

Eine andere Möglichkeit, den Flur aufzupeppen, sind Hingucker. Interessante Blätter, auffällige Blüten und ein raffinierter Wuchs machen im Durchgangsbereich auf sich aufmerksam.

Schmaler Wuchs lautet das Auswahlkriterium für Pflanzen im Flur. Straff nach oben wachsende Zimmerbäume wie **Pachira** *(Pachira aquatica)*, die **Geigenfeige** *(Ficus lyrata)* und die **Zimmeresche** *(Radermachera sinica)* erfüllen diese Anforderung gut. Hat man etwas mehr Platz, so kommen die hübschen Blätter der **Efeuaralie** *(× Fatshedera lizei)* gut zur Geltung.

Wer mit dem Platz haushalten muss, der sollte eine Pflanze verwenden, die sich dezent zurückhält. Die **Strahlenaralie** *(Schefflera* bzw. *Dizygotheca elegantissima)* hat sehr feines Blattwerk, das transparent wirkt. Außerdem hat es eine dezente, olivgrüne Farbe.

Die als Hochstämmchen gezogene **Korallen-Begonie** *(Begonia corallina* 'Tamaya') verbreitet mit silbrig gepunkteten Blättern und zahlreichen Blüten in hellem Erdbeerrosa eine angenehme Leichtigkeit. Hübsch wirkt dieses Kronenbäumchen, wenn man die Erde mit Hilfe von **Bubiköpfchen** *(Soleirolia soleirolii)* oder weiß geaderter **Fittonie** *(Fittonia verschaffeltii)* bepflanzt, anstatt sie unbedeckt zu lassen. Oder man

Elegant hängen die Blüten der Begonie 'Tamaya' aus der Krone des Hochstämmchens.

stammbildende **Baumfreund** *(Philodendron bipinnatifidum)* entfalten sich, selbst wenn es sich um eine etwas dunklere Ecke handelt. Bei kleineren Exemplaren kann man sogar durch den Übertopf noch einen gestalterischen Kunstgriff machen: Verwenden Sie ein hohes, schmales Gefäß. So rückt die Pflanze besser ins Blickfeld.

Auf einer Säule kann man auch so manche stattliche Zimmerpflanze platzieren, für die im Flur sonst kein Platz wäre. Ein **Schwertfarn** *(Nephrolepis exaltata)*, ein **Zimmerhopfen** *(Beloperone guttata)* oder ein dichtbuschiger **Zimmerhafer** *(Billbergia nutans)* können auf dem Podest die Schönheit ihrer überhängenden Triebe und Blüten angemessen entfalten.

TIPP

Zugluft und Temperaturwechsel sind für Pflanzen eine Strapaze. Manche werfen deshalb sogar Blätter oder Blüten ab. Daher sollte man den Platz für sie mit Bedacht wählen und darauf achten, dass die Pflanzen in einem Bereich des Flurs stehen, wo die Bedingungen relativ konstant sind.

legt als zusätzliche Farbtupfer bunte Glaskugeln darauf.

Grünpflanzen, die an einem Moosstab gezogen werden, sind perfekte Lückenfüller für den Empfang im Flur. Sie bauen sich schlank und vertikal auf. Robuste Schönheiten wie die **Purpurtute** *(Syngonium)*, der **Kapwein** *(Rhoicissus capensis)* und der

Breitblättriger Zierspargel entwickelt sich bei guten Bedingungen sehr kräftig.

Ein Terrakottastillleben mit Efeubogen. Das Arrangement passt zum klassischen Stil.

Nicht die Vielfalt sollte im Flur die Begrünung bestimmen. Raffinierte Blickfänge entstehen auch durch auffällige Einzelpflanzen. Eine **Passionsblume** *(Passiflora caerulea)* trägt an ihren Trieben, die man an einem Drahtgestell ranken lässt, große, faszinierende Blüten, die studiert werden wollen.

Ungewöhnliches hat auch der **Zieringwer** *(Curcuma alismatifolia)* zu bieten. Aus den straff nach oben zeigenden Blattschöpfen wachsen die Blütenähren, die im unteren Bereich grün, im oberen dagegen hellrosa sind. Sie erinnern von der Form her an Fackeln, und durch den kerzengeraden Wuchs findet man leicht einen Platz auf der Kommode im Flur.

Da der Ingwer eine typische Sommerpflanze ist, braucht man für den Winter ein Pendant. Wie wäre es mit einer **Amaryllis** *(Hippeastrum*-Hybriden)? Ihr Wuchs ist ähnlich schlank, und die Blüten sind eine wahre Attraktion. Hinsichtlich der Blütenfarben findet man neben roten Sorten auch weiß und rosa blühende.

Aber auch Blätter haben ihren Reiz. So findet man bei den **Blattbegonien** *(Begonia)* so manche Kuriosität, die die Aufmerksamkeit

Ein Drachenbaum, gezogen wie ein Kandelaber, stellt seine Figur im Flur zur Schau.

auf sich zieht. Ebenso kommen großblättrige **Kalanchoe**-Arten *(Kalanchoe thyrsiflora, K. beharensis)* gut zur Geltung. Sie wachsen sukkulent, das heißt, es macht ihnen keine Probleme, wenn man sie beim Rundgang mit der Gießkanne mal vergisst.

Auch der Gärtner schafft es, so manche Kunstform anzubieten, die gleich ins Auge fällt. Eine relativ einfache Variante sind Figuren und Formen, die man mit robusten Kletterpflanzen schmückt. In erster Linie sind **Efeu** *(Hedera helix)* und **Mühlenbeckie** *(Muehlenbeckia complexa)* hier gefragt. Letztere verträgt keine Trockenheit, deshalb darf man sie nicht in allzu kleine Töpfe pflanzen, wenn man lange Freude haben will.

Aber auch so manche **Birkenfeige** *(Ficus benjamina)* mit raffiniert geflochtenem Stamm ist ein Eyecatcher im Flur. Wie man einen Flechtstamm selber zieht, wird auf Seite 61 mit Bildern erklärt.

Ähnlich dekorativ ist ein **Drachenbaum** *(Dracaena marginata)* mit kunstvoll verschlungenen und gebogenen Stämmen. Allerdings kann man hier das Flechten nicht selber machen, sondern muss sich beim Gärtner umsehen.

Schneckenförmig dreht die Blattbegonie ihre Blätter ein. Dieses Kunstwerk ist ein echter Blickfang.

Dort, wo der Platz knapp ist,

helfen Ampelpflanzen, die Atmosphäre zu verbessern. Wo sich das Sonnenlicht rar macht, begrünen Schattenpflanzen wie **Efeu** *(Hedera helix)* und **Efeutute** *(Epipremnum pinnatum)* den Raum. Sucht man robuste Pflanzen, so bieten sich die verschiedenen Arten der **Dreimasterblume** *(Tradescantia)* an. Sie sind ausgesprochen pflegeleicht, und mit dreifarbigen und gestreiften Blättern kommt optisch Abwechslung in den hängenden Garten.

Blütenschmuck hält mit der **Schamblume** *(Aeschynanthus)* Einzug in die frei schwebenden Töpfe im Eingangsbereich. Die lang gestreckten, roten Blüten erscheinen vor allem im Sommer. Dabei gibt es zwischen den verschiedenen Arten auch einige Variationen hinsichtlich der Blütenfarbe: Orangerot blüht *Aeschynanthus speciosus,* während *Aeschynanthus radians* einen dunkelroten Flor hat. Die Blütentriebe hängen elegant nach unten.

Wenn kein Stellplatz mehr vorhanden ist, heißt die Lösung: Hängender Garten.

Blütenduft statt Raumspray.

Mit einer **Kranzschlinge** *(Stephanotis floribunda)*, die über einen Drahtbogen gezogen wird, macht sich ein angenehm süßlicher Duft im Zimmer breit. Reicht das Licht aus, kann man auch eine **Gardenie** *(Gardenia jasminoides)* mit ihren gefüllten weißen Blüten auf die Kommode im Flur stellen. Ihr Duft ist sehr intensiv. Für kleine Drahtgestelle eignet sich der **Jasmin** *(Jasminum officinale)*. Seine zarten Triebe werden um das kugelige Drahtgestell geschlungen, damit sich im Frühsommer die langröhrigen Blütensterne entfalten können. Alle genannten Duftpflanzen haben weiße Blüten, sodass man sie vielseitig verwenden kann.

Arbeitszimmer

Immer gute Luft und Laune am Schreibtisch

Grünpflanzen steigern das Wohlbefinden und geben dem Schreibtisch einen angenehmen, grünen Rahmen.

Ein gutes Klima am Arbeitsplatz

hat eine besondere Bedeutung, schließlich verbringt man hier viel Zeit und muss zudem fit sein. Grün trägt nicht unerheblich dazu bei. Schließlich ist es nachgewiesen, dass eine Begrünung positive Folgen hat, dass die Müdigkeit sinkt und Hautreizungen, Husten sowie ein trockener Hals seltener auftreten. Pflanzen produzieren Sauerstoff am Tag und erhöhen die Luftfeuchtigkeit durch Verdunstung. Gerade in der Zeit, wo geheizt wird, macht sich letzteres positiv bemerkbar. Weitere Effekte, die durch Zimmerpflanzen bewirkt werden, sind die Staubminderung durch die Filterwirkung der Blätter, die Schallreduktion und der Schadstoffabbau. Aber auch das seelische Wohlbefinden wird mit Hilfe von Grünpflanzen gesteigert, und die Zufriedenheit nimmt zu. Allerdings gelten diese Wirkungen nicht für alle Pflanzen, die im Zimmer stehen. So wird sich durch einen Kaktus weder das Klima im Zimmer noch die Motivation verbessern lassen. Grünpflanzen mit vielen Blättern, einer hohen Verdunstungsrate sowie einem hohen Wasserverbrauch sind dagegen die idealen Partner neben dem Schreibtisch. Und einige kleine Blütenpflanzen, wie beispielsweise das **Blaue Lieschen** *(Exacum affine)* oder eine **Glockenblume** *(Campanula isophylla)* neben dem Bildschirm sind zusätzliche Stimmungsmacher, auch wenn der Einfluss auf die Zimmerluft kaum zu messen ist.

Einige Pflanzen präsentieren

sich sogar als so genannte »Prima-Klima-Pflanzen«. Es sind die **Zimmerlinde** *(Sparrmannia africana)*, das **Zypergras** *(Cyperus alternifolius)* und die **Zierbanane** *(Ensete ventricosum)*. Sie haben nicht nur einen hohen Wasserbedarf, sondern auch eine besonders hohe Verdunstungsrate.

Nicht ganz so perfekt, aber auch sehr wirksam sind **Birkenfeige** *(Ficus benjamina)* und **Grünlilie** *(Chlorophytum comosum)*. Letztere hat sich vor allem dadurch einen Namen gemacht, dass sie Formaldehyd abbaut. Diese Fähigkeit, Schadstoffe abzubauen, besitzen auch der **Baumfreund** *(Philodendron bipinnatifidum)* und die **Purpurtute** *(Syngonium podophyllum)*. Die **Efeutute** *(Epipremnum pinnatum)* kann zudem Benzol abbauen.

Pflegeleichte Pflanzen machen sich beliebt

Termindruck und Urlaub heißen die natürlichen Feinde von Büropflanzen – es sei denn, sie sind wirklich ganz easy wie diese.

Robuste Pflanzen für das Büro

- **Rosetten-Dickblatt** *(Aeonium arboreum)* – fleischige Rosetten, für die Sonne, wenig gießen.
- **Leuchterblume** *(Ceropegia woodii)* – Ampelpflanze, leicht feucht halten.
- **Grünlilie** *(Chlorophytum comosum)* – Blattpflanze, verträgt kurze Trockenzeit.
- **Echeverie** *(Echeveria-*Arten) – Sukkulente, wenig gießen, für sonnige Fenster.
- **Efeutute** *(Epipremnum pinnatum)* – Ampelpflanze, für absonnige Plätze, verträgt kurzzeitig Trockenheit.
- **Flammendes Kätchen** *(Kalanchoe blossfeldiana)* – Blütenpflanze, wenig gießen.
- **Fensterblatt** *(Monstera deliciosa)* – großlaubig, dekorativ, wenig gießen.
- **Drehfrucht** *(Streptocarpus-*Hybride) – Blütenpflanze, stets leicht feucht halten.

Grundsatz Nr. 1 im Büro heißt: Einige stattliche Pflanzen erleichtern die Pflege im Vergleich zu zahlreichen kleinen. Eine **Birkenfeige** *(Ficus benjamina)* oder ein **Drachenbaum** *(Dracaena fragrans)* setzen einen kräftigen Akzent zwischen Besprechungstisch und Drehstuhl. Das reicht für das Wohlbefinden aus. Auch sollten die Pflanzen nicht irgendwo versteckt werden, wo man sie zum Gießen nur schwer erreicht. Muss man erst eine Leiter holen, dann wird man nicht gießen, wenn die Pflanzen wirklich Wasser brauchen. Aber wenn man die Ampel so tief hängt, dass man bequem fühlen kann, wie trocken die Erde ist, werden die Pflanzen nicht schlapp machen, weil man zum Gießen zu bequem war, sondern denkt auch Freitag nachmittag ans Wässern.

Einzelne große Zimmerbäume sorgen für angenehme Atmosphäre im Arbeitszimmer.

Die Pflanzen,

die sich auf diesen beiden Seiten präsentieren, tragen alle das Gütesiegel »pflegeleicht«. Also sind sie besonders für das Büro geeignet. Und man muss keine Sorge haben, dass eine robuste Pflanze zugleich langweilig ist. Wenn man sich zum Beispiel die quirligen Blätter der **Grünlilie** *(Chlorophytum comosum)* **'Curly Locks'** ansieht, dann hat man es hier mit einem reizvollen Geschöpf zu tun, das alles andere als langweilig wirkt.

Wer nicht oft gießt, hat mit dem sukkulenten Zickzackstrauch viel Freude.

Da kommt Schwung auf: 'Curly Locks' heißt diese kringelige Grünlilien-Sorte.

Ähnlich dynamisch spielt sich der **Zickzackstrauch** *(Pedilanthus tithymaloides)* in den Vordergrund, den man leider viel zu selten sieht. Die Triebe dieses Wolfsmilchgewächses sind fleischig verdickt und dienen als Wasserspeicher. Vereinzelt sitzen Blätter an den Ästen. Die Sukkulente braucht einen warmen Raum und leicht feuchte Luft. Ansonsten kann man sich mit dem Gießen etwas zurückhalten. Vor allem im Winter sollte der Wurzelballen immer wieder abtrocknen.

Als Zimmerbaum gibt das **Fensterblatt** *(Monstera deliciosa)* eine gute Figur ab. Die bis zu 30 Zentimeter langen Blätter sitzen an langen Stielen. Damit die Pflanze aufrecht wächst, stützt man den Haupttrieb mit einem kräftigen Moosstab. Schon bald entstehen die Luftwurzeln, die der grünen Skulptur ein tropisches Flair verleihen. Die Pflanze selbst ist anspruchslos und passt sich sogar der Pflege an: Wer viel für die Pflanze tut, wird mit üppigem Wuchs belohnt. Wird sie »vergessen«, dann hält sie sich mit dem Wachstum stärker zurück. Doch selbst dann sieht sie noch schön aus. Nur wenn der Staub in zu dicker Schicht auf dem Laub liegt, dann sollte man wirklich mal zum Staubtuch greifen, damit die Blätter wieder genügend Licht zum Leben bekommen.

Das Fensterblatt baut sich sehr dekorativ und großzügig im Arbeitszimmer auf.

Unermüdlich erscheinen beim Einblatt Blüten mit den schneeweißen Hochblättern.

Blüten sind kein Tabu,

wenn man auf der Suche nach robusten Schönheiten ist. Die große Gruppe der Kalanchoen bietet sich hier an. Wem das **Flammende Käthchen** *(Kalanchoe blossfeldiana)* nicht mehr up to date erscheint, der kann sich bei nahe verwandten Pflanzen umsehen. Das **Madagaskarglöckchen** *(Bryophyllum porphyrocalyx)* trägt rosarote Blütenglöckchen, ganz ähnlich wie *Bryophyllum manginii.*

Der Zimmerwein lässt seine langen Triebe aus Regalen und Ampeln locker herunterhängen.

Kleine Glöckchen trägt dieses hübsche Brutblatt namens *Bryophyllum manginii.*

Mit schlichter Eleganz erobert das **Einblatt** *(Spathiphyllum floribundum)* in vielen Büros die Schreibtische. Es verträgt nämlich eine ganze Menge Schatten, ohne sich das durch Blühfaulheit anmerken zu lassen.

Ampelpflanzen haben im Büro

eine Sonderstellung. Sie fügen sich ganz geschickt in die Situation ein, ohne kostbare Stellfläche zu beanspruchen. In modernen Ampelgefäßen bringt die **Efeutute** *(Epipremnum pinnatum)* ihre hübschen, herzförmigen Blätter zur Geltung. Auch der **Zimmerwein** *(Cissus rhombifolia)* wächst von der Decke herunter und erweist sich als geduldig im hektischen Berufsalltag. Dabei zeigt er sich genügsam hinsichtlich des erforderlichen Lichtes. Für helle Ecken heißt der Geheimtipp **Leuchterblume** *(Ceropegia woodii)*. Mit ihren fadenartigen langen Trieben, die nierenförmige kleine Blätter tragen, wirkt sie ganz dezent und luftig. Etwas auffälliger sind die walzenförmigen Triebe der **Fetthenne** *(Sedum morganianum)*, die auch die Plätze in der Sonne verträgt.

Die Purpurtute verzeiht es, wenn sie vor der Dienstreise nicht mehr gegossen wurde.

Die Efeutute wächst als Ampelpflanze und ist robust, wenn ihr die Bedingungen zusagen.

Und nun noch zwei ganz pflegeleichte Schönheiten: die **Purpurtute** *(Syngonium podophyllum)* als Geheimtipp für absonnige Plätze und der **Geldbaum** *(Crassula ovata)* für die Sonne und gießfaule Schreibtischtäter.

Ficus für alle Fälle

Die Vielfalt des Feigenbaumes könnte kaum größer sein: Zimmerbäume, Büsche und Ampelpflanzen findet man unter den zahlreichen Arten und Sorten. Und dabei verlangen weder Klassiker noch Neuheiten ihrem Besitzer besonderes Know-how ab.

Ein blattreicher Zimmerbaum: Binnendijks Feigenbaum mit auffällig schmalem Laub.

Einer der Klassiker

Einer der Klassiker im Zimmer ist der **Gummibaum** *(Ficus elastica)*. Mit großen ovalen Blättern schießt er an halbschattigen Plätzen in die Höhe. Allerdings ist das Image dieses robusten Zimmerbaumes auch etwas angestaubt, denn der eintriebige Wuchs wirkt nicht gerade raffiniert. Erst wenn sich die Pflanze verzweigt, breitet sie sich etwas stattlicher aus. Dazu schneidet man den Stamm auf einer Höhe von etwa achzig Zentimetern ab. Die neu treibenden Seitenzweige werden ebenfalls entspitzt, sodass eine mehrtriebige Krone entsteht. Beim Anschneiden der Stämme muss man beachten, dass weißer Milchsaft austritt. Meist schließt sich die Wunde schnell, man sollte nur aufpassen, dass keine Flecken auf dem Fußboden oder an Möbeln entstehen.

Die sympathische Kletterfeige, mal mit grünem, mal mit weiß gerandetem Blattwerk.

Der Gummibaum baut sich mit seinen großen Blättern als stattliches Einzelexemplar auf.

Ähnlich stattliche Blätter trägt der **Leierkastenblättrige Gummibaum** *(Ficus lyrata)*, auch **Geigenfeige** genannt. Er wächst eintriebig, allerdings in nicht ganz so rasantem Tempo. Außerdem trägt er bereits als junge Pflanze walnussgroße Früchte. Mittlerweile findet man immer öfter klein bleibende Sorten dieser Feigenbaum-Art.

Eine weitere Neuheit, die im Zimmer Karriere macht, ist **Binnendijks Feigenbaum** *(Ficus binnendijkii)*. Er trägt schmal lange Blätter, die an Bambus erinnern. Was ihn vor allem beliebt macht, ist seine Robustheit. Er baut stattliche, reich verzweigt Büsche auf und ist dabei recht anspruchslos. Für das Arbeitszimmer also zu empfehlen.

Der Zwerg im Ficusreigen

Der Zwerg im Ficusreigen ist die **Kletterfeige** *(Ficus pumila)*. Ihre kleinen ledrigen Blätter sitzen an drahtigen, überhängende Trieben. Im Regal, als Ampelpflanze oder über einen Bogen kann man die robusten Triebe ziehen, die es auch mit weißem Rand gibt.

Als wahres Talent entpuppt sich die wohl beliebteste Art, die auch liebevoll in Anlehnung an den botanischen Namen »der Benjamina« genannt wird: die **Birkenfeige** *(Ficus benjamina)*. Die dicht belaubten Büsche bauen sich locker und leicht im Zimmer auf. Es gibt diesen Feigenbaum nicht nur mit den verschiedensten Laubfärbungen, sondern auch mit unterschiedlichen Wuchsformen. Alle Größen, vom Zwergbusch für die Fensterbank bis hin zu stattlichen raumprägenden Zimmerbäumen, sind möglich. Dabei hat die Birkenfeige den Vorteil, dass sie Rückschnitt problemlos verträgt.

Gestalterisch fügen sich die Pflanzen gut in jedes Ensemble ein. Durch die vielen kleinen Blätter bleiben die Büsche immer ein wenig transparent, und doch eignen sie sich auch sehr gut als Raumteiler. So kann man den Arbeitsplatz in einem großen Wohnzimmer mit einem oder zwei kräftigen Exemplaren perfekt abschirmen. In beheizten Räumen muss man auf ausreichende Luftfeuchtigkeit achten, damit Spinnmilben den Spaß nicht verderben.

Reich verzweigt und dicht belaubt, bildet die Birkenfeige einen kleinen Busch.

Die Triebe von jungen Birkenfeigen sind weich, sodass man die Stämme wie in der Bildfolge unten verflechten kann. So entsteht ein kleiner Hochstamm mit kugeliger Krone, wie er oft auch zum Kauf angeboten wird. Er schmückt den Schreibtisch und setzt einen hübschen Akzent. Durch den Stamm bleibt die Arbeitsfläche frei, und Zweige stören nicht.

So wird's ein Flechtstamm

1. **Seitenzweige** der drei Birkenfeigen entfernen.
2. **Nun die Stämme wie** einen Zopf flechten.
3. **Bei guter Pflege** wachsen die Kronen rasch ineinander.

Alles Hydro, oder was?

Wenn es so richtig easy mit Zimmerpflanzen gehen soll, dann heißt das passende Stichwort Hydrokultur. Gerade in Büro und Arbeitszimmer müssen die Pflanzen auch mal ein paar Tage alleine auskommen. Stiefmütterliche Pflege sieht man ihnen sofort an, und sie ist die Ursache für Krankheiten.

Substrat und Erde kennen Pflanzen, die in Hydrokultur gezogen werden, nicht. Sie wachsen in Blähton. Das sind Tonkugeln, die in einem speziellen Verfahren hergestellt werden. Sie sind besonders porös und können jede Menge Wasser speichern. Zugleich ist der Blähton so grob, dass die Wurzeln der Pflanzen reichlich Luft bekommen. Spezielle Nährstoffe werden mit dem Wasser an die Wurzeln transportiert. Typisch für die Hydrokultur ist ein Wasserstandsanzeiger, an dem man ablesen kann, ob man die Pflanzen gießen muss. Diese erdfreie Kulturform der Pflanzen macht sich nicht nur dadurch bemerkbar, dass das Grün gesund und kräftig wächst. Auch die Pflege ist wesentlich einfacher. Wasser kann man auf Vorrat gießen und mit Hilfe des Wasserstandsanzeigers den Verbrauch prüfen. Die Fingerprobe entfällt.

Formale Schönheiten am Bogen: Hoya, Efeu und Mühlenbeckie, in Blähton gezogen.

In dem kleinen durchsichtigen Röhrchen des Wasserstandsanzeigers bewegt sich ein Schwimmer zwischen der Anzeige »Maximum« und »Minimum«. Nur in Ausnahmen, wie an heißen Sommertagen, gibt man so viel Wasser in den Topf, dass der Höchststand erreicht wird. Im Winter dagegen sollte man den Wasserstand nur kurz über dem Minimum-Strich halten, da der Verbrauch in der lichtarmen Zeit gering ist. Wichtig: Ab und zu prüfen, ob der Schwimmer nicht feststeckt, etwa durch Verkalkung.

Die Nährstoffe, speziell für Hydrokulturpflanzen, haben eine Langzeitwirkung. Der Vorrat für mehrere Wochen reicht. Diese Spezialdünger enthalten auch einen so genannten Ionentauscher. Dieser ist wichtig für Pflanzen, die keinen Kalk im Gießwasser vertragen. Durch die Ionentauscher wird der Kalk aus dem Wasser gebunden und kann den Pflanzen nicht mehr schaden. Tipps zur Umstellung von Pflanzen auf Hydrokultur finden Sie auf Seite 127.

Pflanzen in Hydro werden in Blumenläden und Gartencentern fertig angeboten. Die Auswahl ist breit gefächert. Allerdings ist nicht jede Pflanzenart für Hydrokultur geeignet. Kurzlebige Blütenpflanzen und grüne Gewächse, die eine längere Ruhepause einlegen, sowie eher empfindliche Pflanzen wird man nur in der herkömmlichen Erdkultur bekommen.

Bei den langlebigen Zimmerschönheiten ist die Auswahl groß. **Flamingoblume** *(Antharium*-Hybriden), **Passionsblume** *(Passiflora caerulea)*, **Zierspargel** *(Asparagus)* und **Zimmerwein** *(Cissus antarctica)* sind nur eine kleine Auswahl aus dem breit gefächerten Sortiment. Der Preis für Hydrokulturpflanzen liegt über dem für die gleiche Art in Erde, daher sollte man beim Einkauf darauf achten, dass der Standort wirklich den Vorlieben der ausgewählten Gewächse entgegenkommt. Zu den Besonderheiten im Büro kommt, dass manchmal die Raumtemperatur zwischen Wochenende und Arbeitstagen heruntergeregelt wird, es also zu Schwankungen kommen kann, die manche tropische

Der gestreifte Übertopf greift das dreifarbige Motto des Wunderstrauchs auf.

Kostbarkeiten wie der Flaschenbaum bleiben auch in Hydro gesund und wachsen kräftig.

Schönheit nicht verträgt. Außerdem sollten die kleineren Topfblumen, die auf dem Schreibtisch stehen, einen kompakten Wuchs haben, der nicht stört. Kleine **Goldfruchtpalmen** *(Chrysalidocarpus)* und schmalblättriger **Drachenbaum** *(Dracaena marginata)* haben den Vorteil, dass sie straff aufrecht wachsen und bei der Arbeit nicht im Weg sind. Blütenpflanzen, deren welke Blütenblätter rieseln, sind weniger praktisch. Dagegen bereitet das **Einblatt**

Die gleichmäßigen Lebensbedingungen in Hydrokultur lassen die Flamingoblume aufblühen.

(Spathiphyllum) dauerhafte Blütenfreude, auch wenn die Lichtsitution schlecht ist.

Übertöpfe werden speziell für Hydrokulturpflanzen angeboten. Dabei handelt es sich nicht um einen Verkaufstrick. Es ist ganz wichtig, dass die Übertöpfe dauerhaft wasserdicht sind. Auch die Glasuren von Keramiktöpfen müssen so beständig sein, dass sich das Gießwasser keinen Weg bahnen kann. Außerdem haben die Gittertöpfe, in denen Blähton und Pflanzen stehen, Größen, die nicht unbedingt den genormten Topfgrößen herkömmlicher Pflanzen entsprechen. Für die Hydrokultur sollte man daher auf die angebotenen Übertöpfe zurückgreifen. Allerdings spricht nichts dagegen, wenn man Pflanzen mit Erdballen auch in einen solchen Übertopf stellt. Dadurch kann man kleine Gruppen mischen und dekorativ zusammenstellen.

Easy

Die besten Zimmerpflanzen für ein schönes Zuhause

Lernen Sie die schönsten Zimmerpflanzen und Ihre Ansprüche kennen, damit sie die Wohnung stimmungsvoll bereichern und Ihnen lange Freude bereiten

Porträts

Das kleine Lexikon der schönsten Zimmerpflanzen

Blüten- und Blattpflanzen sorgen das ganze Jahr für ein grünes Zuhause.

Die Vielfalt der Zimmerpflanzen, die aus ganz verschiedenen Klimazonen der Erde stammen, scheint endlos. Doch für eine erfolgreiche Pflege ist es wichtig, dass man das Grün und den Blütenzauber etwas näher kennt. Jedes Gewächs stellt seine eigenen Ansprüche an den Standort und die Pflege. In diesem Kapitel können Sie die gängigen Zimmerpflanzen kennen lernen. Sie sind in der alphabetischen Reihenfolge ihrer botanischen Namen aufgelistet. Dies scheint zwar auf den ersten Blick umständlich, ist aber sehr sinnvoll, um Verwechslungen zu vermeiden – der eine nennt die Gattung *Ficus* Feigenbaum, der andere Gummibaum und manch einer kennt nur den »Benjamin«. Um eine einheitliche Bezeichnung zu finden, gibt es die botanischen Namen. Aber keine Sorge, natürlich werden auch die deutschen Namen genannt.

Die Porträts zeigen jede Pflanze im Foto und beschreiben Wuchs, Blätter und Blüten – je nachdem, welche der Eigenschaften für die Wirkung besonders wichtig ist. Weiterhin erfahren Sie alles über den Standort, die regelmäßige Pflege und mögliche Schädlinge und Krankheiten. Falls es besondere Sorten oder andere Arten gibt, die ebenfalls zu empfehlen sind, werden diese am Ende des Porträts genannt.

Einige Zimmerpflanzen fallen besonders auf: Palmen, Orchideen und Kakteen haben nicht nur äußerliche Ähnlichkeiten, sondern sind in mehrfacher Hinsicht etwas Besonderes. Daher werden diese drei Gruppen am Ende des Porträtteils (ab Seite 108) gesondert aufgeführt.

Erklärung der Symbole

- Blütenpflanze
- Grünpflanze
- Ampelpflanze
- vollsonniger Standort, auch Mittagssonne
- heller Standort ohne direkte Sonneneinstrahlung
- halbschattiger Standort
- schattiger Standort
- Höhe in Zentimeter (unter den Bedingungen als Zimmerpflanze)
- hoher Wasserbedarf
- mittlerer Wasserbedarf
- geringer Wasserbedarf

Schönmalve
(Abutilon-Hybriden)

○–◑ ⬆ 50–220 cm

Mit den bunten Bonbonfarben der Blüten bringt die Schönmalve Schwung in jede Wohnungseinrichtung.

Wuchs: Buschig verzweigt, aufrecht, mit ahornähnlich gezackten Blättern.

Blüte: Glockenförmig, einzeln an langen Stielen, vorwiegend an den Enden der Triebe, in Weiß, Rot, Gelb, Orange, Rosa, Rot, vom Frühling bis in den späten Herbst.

Standort: Halbschattig oder hell; Zugluft meiden; Winter kühl (12–14 °C).

Pflege: Im Sommer reichlich gießen; 14-tägig düngen; im Winter nur mäßig gießen, nicht düngen; im Frühling gelegentlich besprühen, um die Luftfeuchtigkeit zu erhöhen.

Pflanzenschutz: Rote Spinne tritt bei starkem Sonnenschein auf.

Tipps: Regelmäßiges Schneiden fördert den buschigen Wuchs.

Schiefteller
(Achimenes-Hybriden)

○ ⬆ 20–30 cm

Wundervoller Sommerblüher, der die Wintermonate als Rhizom in der Erde schlummernd verbringt.

Wuchs: Aufrecht, buschig verzweigt, Trieb wächst aus beschupptem Rhizom in der Erde und hängt später leicht über, muss aber nicht gestützt werden; spitzrundliche, frischgrüne Blätter.

Blüte: Asymmetrische Blütenteller mit einer langen Röhre, Durchmesser etwa 2 bis 3 cm, Juli bis September.

Standort: Frühling bis Herbst hell und warm (ca. 20–25 °C), nicht sonnig; Rhizome bei 20–22 °C überwintern.

Pflege: Leicht feucht halten, bis August düngen; dann trocken halten, 3–4 Wochen nach Neuaustrieb düngen.

Pflanzenschutz: Blattläuse absammeln.

Tipps: Nicht mit kaltem Wasser gießen, sonst zeigen sich Blattflecken.

Frauenhaarfarn
(Adiantum raddianum)

◑ ⬆ 15–30 cm

Duftige Farnschönheit, mit der man jedem Badezimmer eine elegante, grüne Note verleiht.

Wuchs: Locker buschig.

Blätter: Lichtgrüne Wedel an drahtigen braunen bis schwarzen Stielen, leicht übergeneigt.

Standort: Halbschattig, ganzjährig warm, dabei auch auf eine hohe Bodentemperatur (mind. 16 °C) achten; hohe Luftfeuchtigkeit.

Pflege: Gleichmäßig feucht halten, im Frühling und Sommer schwach dosiert mit Flüssigdünger düngen, regelmäßig besprühen.

Pflanzenschutz: Staunässe lässt den Austrieb stocken.

Tipps: Der Ballen sollte nie austrocknen, sonst verdorren die Wedel.

Lanzenrosette
(Aechmea fasciata)

↑ 30–50 cm

Pflegeleichtes Ananasgewächs, passt gut zu einem sachlich-modernen Einrichtungsstil.

Wuchs: Rosettenförmig, weiß bereifte, riemenförmige Blätter mit zum Teil kräftigen Stachelspitzen am Rand.

Blüte: Gestielter Büschel aus rosafarbenen Hochblättern, in dem die lilablauen Blütchen sitzen; Juli bis September.

Standort: Hell, warm.

Pflege: Mit kalkfreiem Wasser gießen, alle 14 Tage düngen, auch in die Rosette, an warmen Tagen besprühen; im Winter trockener halten.

Pflanzenschutz: Schildläuse bei sehr trockener, warmer Luft; braune Blätter durch Fäulnis infolge von niedrigen Temperaturen und Staunässe.

Tipps: Nach der Blüte entstehen Tochterrosetten, die bei entsprechender Größe abgetrennt und getopft werden.

Schamblume
(Aeschynanthus radicans)

↑ 20–60 cm

Eine tolle Ampelpflanze für beheizte Wohnräume.

Wuchs: Lange, sparrig herunterhängende Triebe mit ledrig fleischigen, spitzovalen Blättern.

Blüte: Röhrenförmig, lang, dunkelrot bis fast schwarz, jeweils zwei in den Blattachseln; Mai bis August.

Standort: Hell, nicht sonnig, warm (20 °C), hohe Luftfeuchtigkeit.

Pflege: Regelmäßig gießen, Staunässe vermeiden, häufig mit abgestandenem Wasser besprühen; während der Wachstumsperiode alle 2 Wochen niedrig dosiert düngen.

Pflanzenschutz: Ungünstige Bedingungen verursachen den Abwurf der Knospen.

Tipps: Zur Blütenbildung im Winter 4 Wochen kühler (ca. 15 °C) stellen.

Weitere Art: *A. speciosus* – buschig übergeneigter Wuchs, Blüten orange, in Büscheln.

Kolbenfaden
(Aglaonema commutatum)

↑ 30–70 cm

Hübsche Blattschönheit, die gut in Hydrokultur wächst und bei optimalem Standort sehr alt werden kann.

Wuchs: Buschig, verzweigter Stamm.

Blätter: Länglich elliptisch mit silbergrünen Flecken, Sprenkeln oder Streifen, sehr variantenreich.

Standort: Schattig bis halbschattig, ganzjährig warm, nicht unter 16 °C; hohe Luftfeuchtigkeit.

Pflege: Regelmäßig mit weichem Wasser gießen; schwach dosiert düngen; Blätter nicht besprühen.

Pflanzenschutz: Spinnmilben, Blatt- und Wollläuse durch trockene Luft; braune Blattflecken durch »kalte Füße«.

Tipps: Bei guter Pflege bilden sich Blüten mit einem weißen Hochblatt und später orangerote Früchte. Enthält haut- und schleimhautreizende Stoffe.

Weitere Art: *A. costatum* – buschig verzweigte Stämme, kleiner bleibend.

Alokasie
(Alocasia sanderiana, A.lowii)

◐–● ⬆ 20–50 cm

Raffinierter Blattschmuck, der sich gerne als Blickfang in den Mittelpunkt rückt.
Wuchs: Aus knollenartigen Rhizomen treiben die Blätter in dichten Büscheln.
Blätter: Lang gestielt, oval bis pfeilförmig mit gebuchteten oder glatten Blatträndern; Oberseite dunkel olivgrün, zum Teil metallisch, auffällig weiße Hauptnerven, bis 30 cm lang.
Standort: Halbschattig bis schattig, ganzjährig warm (20 °C), im Winter auch ein paar Grad weniger.
Pflege: Regelmäßig mit weichem, abgestandenem Wasser gießen, Staunässe vermeiden, während der Wachstumsperiode alle 14 Tage niedrig dosiert düngen, hohe Luftfeuchte.
Pflanzenschutz: Rhizom fault bei kaltem Standort.
Tipps: Im Winter weniger gießen.

Scheinrebe, Zimmerwein
(Ampelopsis brevipedunculata var. *maximowiczii* 'Elegans')

○–◐ ⬆ 40–180 cm

Ein Rebengewächs, das Ampeln schmückt und Rankhilfen üppig begrünt.
Wuchs: Lockertriebiger Strauch, überhängend, klettert in die Höhe, wenn man die Triebe an einem Spalier befestigt.
Blätter: Unregelmäßig geformte Blätter, bis 8 cm groß, grün-weiß panaschiert.
Standort: Hell bis halbschattig, mäßig warm bis frisch kühl; im Winter Temperaturen zwischen 5–12 °C.
Pflege: Im Sommer reichlich gießen, im Winter weniger; von März bis September regelmäßig düngen.
Pflanzenschutz: Thrips und Spinnmilben bei warmem, sonnigem Standort, kühler stellen und die Luftfeuchtigkeit erhöhen.
Tipps: Bei kalter Überwinterung fällt das Laub ab, der Neuaustrieb erfolgt im zeitigen Frühjahr. Rückschnitt im März.

Zierananas
(Ananas comosus 'Aurovariegatus')

○ ⬆ 50–80 cm

Zwar ist die Blattschmuckschönheit mit der köstlichen Ananas verwandt, aber auf Früchte wird man bei der Kultur im Wohnzimmer vergeblich warten.
Wuchs: Rosettenförmig, ausladend.
Blätter: Lanzettlich, bei 'Aureovariegatus' mit gelben Streifen, und ein rosa Hauch, bei 'Variegatus' gelb-weiß-grün gestreifte Blätter, zum Teil sehr stachelige Ränder.
Standort: Hell, im Winter auch sonnig; warm (ca. 20 °C).
Pflege: Regelmäßig gießen und alle 3 Wochen schwach dosiert düngen; Staunässe vermeiden.
Tipps: Im hohen Alter blühen die Pflanzen gelegentlich. Anschließend stirbt die Rosette ab und es bilden sich Kindel, die getopft werden können.

Känguruhpfötchen
(Anigozanthos flavidus)

↑ 20–40 cm

Als Schnittblume kennt man diese ungewöhnliche Blütenschönheit schon länger. Die Blüten wirken extravagant und edel.
Wuchs: Rhizome mit horstartigen Laubbüscheln, meist nur 20 cm hoch.
Blüte: Röhrenförmig, gelb oder orangerot, wie der Stiel stark behaart, in Trauben oder kurzen Ähren am wenig verzweigten Stiel; April bis Juli.
Standort: Sonnig oder hell, warm; im Winter bei 10–12 °C.
Pflege: Regelmäßig gießen, hoher Wasserverbrauch; alle 3 Wochen mit Volldünger versorgen.
Pflanzenschutz: Spinnmilben bei schlechter Durchlüftung.
Tipps: Heller Standort ist wichtig für die Blütenbildung.

Flamingoblume
(Anthurium-Scherzerianum-Hybriden)

↑ 20–60 cm

Der Klassiker kommt im Zuge des Retro-Looks wieder ganz groß raus.
Wuchs: Buschig, lang gestielte Blätter wachsen direkt aus dem Wurzelkörper; Laub lanzettlich mit kräftiger Mittelrippe.
Blüte: Auf einem langen Stiel steht das glänzende, fast künstlich wirkende Hochblatt in Rot, Rosa, Lachs oder Weiß; aus der Mitte entspringt der spiralig geformte, meist orangerote Blütenkolben; blüht ganzjährig.
Standort: Hell, gleichmäßig warme Raum- und Bodentemperatur.
Pflege: Gleichmäßig feucht halten, weiches Wasser verwenden; alle 2 Wochen düngen.
Pflanzenschutz: Eine ausreichend hohe Luftfeuchtigkeit hält Spinnmilben fern.
Tipps: Lockeres Substrat verwenden.

Glanzkölbchen
(Aphelandra squarrosa)

↑ 30–70 cm

Robuste Schönheit für das Blumenfenster, die nicht nur attraktive Blüten, sondern auch auffällig gezeichnete Blätter hat.
Wuchs: Aufrecht, mäßig verzweigt, große, glänzend dunkelgrüne Blätter, die an den Blattadern entlang weiß gefärbt sind.
Blüte: Unverzweigte Ähre mit gelben Deckblättern und gelben Röhrenblüten, Juni bis Oktober, teilweise ganzjährig.
Standort: Hell, nicht sonnig, warm, hohe Luftfeuchtigkeit.
Pflege: Mit abgestandenem, weichem Wasser, leicht feucht halten; alle 14 Tage von März bis August düngen.
Pflanzenschutz: Schildläuse bei trockener Luft.
Tipps: Will man die Blütenbildung anregen, muss die Pflanze im Winter 2 Monate kühl (10 °C) und hell stehen.

Zimmertanne
(Araucaria heterophylla)

30–250 cm

Zimmerbaum, der ein peppiges Umfeld braucht, damit er nicht verstaubt wirkt.
Wuchs: Aufrechter Stamm mit regelmäßigen Seitenzweigen in Etagen.
Blätter: Nadelartig, dunkelgrün.
Standort: Hell, luftig, warm (18–22 °C), im Winter kühler.
Pflege: Mäßig feucht halten, nur mit weichem Wasser gießen; von März bis August niedrig dosiert düngen; für ausreichende Luftfeuchtigkeit sorgen; alle 2 bis 3 Jahre in saure Erde umtopfen.
Pflanzenschutz: Trockene Luft und Staunässe führen zum Abwerfen der Nadeln. Vorsicht: Die Pflanze kann sich nicht regenerieren.
Tipps: Für einen gleichmäßigen Wuchs ist es wichtig, dass die Pflanze hell steht und von mehreren Seiten Licht bekommt. Schnittmaßnahmen zerstören die schöne Wuchsform.

Spitzblume
(Ardisia crenata)

25–100 cm

Der eigentliche Reiz des Zimmerbaumes liegt in den korallenroten Früchten, die viele Monate das schlichte Astwerk schmücken.
Wuchs: Verholzender Haupttrieb mit dicht belaubten Seitenästen; ledrige lorbeerähnliche Blätter, dunkelgrün.
Blüte: Weiß oder rosa, in endständigen Trauben, Juli bis September; später rote, erbsengroße Beeren.
Standort: Hell, warm, im Winter etwas kühler; hohe Luftfeuchtigkeit.
Pflege: Wurzelballen mäßig feucht halten, von März bis August schwach dosiert düngen.
Pflanzenschutz: Schild- und Wollläuse bei trockener Heizungsluft.
Tipps: Im Winter auf ausreichende Bodentemperatur achten. Die Blüten mit dem Pinsel bestäuben, damit sich viele rote Früchte bilden.

Zierspargel
(Asparagus-Arten)

20–80 cm

Verwandtschaft des heimischen Gemüses, das mit seinem lichten Grün frischen Wind ins Wohnzimmer bringt.
Wuchs: Buschig, stark verzweigt, zum Teil überhängend; Beeren giftig!
Blätter: Die eigentlichen Blätter sind zu Dornen umgebildet; was wie Blätter aussieht, sind eigentlich Sprosse.
Standort: Hell, nicht sonnig, ganzjährig warm (20 °C).
Pflege: Gleichmäßig feucht halten, von März bis August wöchentlich düngen, umtopfen, wenn das Gefäß dicht durchwurzelt ist.
Pflanzenschutz: Blattläuse, Spinnmilben und Schildläuse als Folge von trockener Heizungsluft.
Tipps: Empfindlich gegen Pflanzenschutzpräparate.

Arten: *A. densiflorus* 'Meyeri' – flaschenbürstenartige Triebe; *A. falcatus* – breite Scheinblätter; *A. setacus* – schleierartige Triebe.

Nestfarn
(Asplenium nidus)

⬆ 50–70 cm

Die klare Form der riemenförmigen Wedel verleiht diesem Farn seine Eleganz.

Wuchs: Rosettenförmig angeordnete Wedel.

Blätter: Glänzende hellgrüne Blätter mit auffällig schwarzbrauner Mittelrippe.

Standort: Hell bis halbschattig, warm (20 °C und mehr); hohe Luftfeuchtigkeit und warme »Füße« ideal.

Pflege: Regelmäßig mit weichem Wasser gießen, im Frühjahr und Sommer jeweils einmal schwach dosiert düngen; bei trockener Heizungsluft besprühen.

Pflanzenschutz: Schildläuse und braune Blattränder bei trockener Luft. Blattflecken durch Nematoden.

Tipps: Der Nestfarn eignet sich ideal für ein helles Badezimmer.

Elefantenfuß, Flaschenbaum
(Beaucarnea recurvata)

⬆ 20–90 cm

Robuste Schönheit, die mit ihrem bizarren Wuchs das Ambiente bereichert, jedoch nicht aufdringlich wirkt.

Wuchs: Knollenförmig verdickter Stamm mit Blattschöpfen.

Blätter: Schmal, riemenförmig, bis zu 50 cm lang, graugrün.

Standort: Sonnig, hell, luftig, warm; im Winter auch kühl, aber nicht unter 10 °C.

Pflege: Nur sparsam gießen, im Winter nur sehr selten; von Mai bis Oktober alle vier Wochen düngen.

Pflanzenschutz: Spinnmilben, Thripse und Schildläuse bei zu warmem Standort im Winter.

Tipps: In der Stammverdickung kann die Pflanze Wasser sammeln und sich relativ gut selbst versorgen. Ideale Pflanze für Leute, die viel unterwegs sind.

Blütenbegonie
(Begonia-Elatior-Hybriden)

⬆ 20–40 cm

Eine der beliebtesten Blütenpflanzen.

Wuchs: Buschig verzweigt, mit großen dunkelgrünen Blättern, die meist von den Blüten verdeckt werden.

Blüte: Rundlich, einfach oder gefüllt, in Weiß, Gelb, Rot, Orange, Rosa; ganzjährig blühend im Angebot.

Standort: Hell, nicht sonnig, warm.

Pflege: Gleichmäßig feucht halten, alle 14 Tage düngen.

Pflanzenschutz: Mehltau tritt bei hoher Luftfeuchtigkeit auf, daher Blätter nicht besprühen und auch beim Gießen möglichst nicht benetzen.

Tipps: Blütenbegonien werden einjährig gezogen, das heißt, nach der Blüte wirft man sie weg.

Weitere Arten: *B.*-Corallina-Hybriden – Strauchbegonie, werden häufig als Kronenbäumchen angeboten, hängende, lachsrote Blütenstände, verbreitete Sorte: 'Tamaya' (Bild siehe Seite 53).

Blattbegonie
(Begonia-Rex-Hybriden)

○–◑ ⬆ 15–60 cm

Die Blätter sind nicht nur bunt, sondern sehr abwechslungsreich hinsichtlich der Form und Musterung.

Wuchs: Aus einer Knolle treibt das Laub dichtbuschig aus.

Blätter: Asymmetrisch, spitzoval an kräftigen Stielen, grün, rot, bräunlich gezeichnet und gefleckt, glatte bis stark gefurchte Oberfläche.

Standort: Hell bis halbschattig, warm.

Pflege: Regelmäßig gießen, Staunässe und Ballentrockenheit vermeiden; von März bis September niedrig dosiert düngen.

Pflanzenschutz: Bei hoher Luftfeuchtigkeit anfällig für Echten Mehltau.

Tipps: Das plötzliche Abwerfen der Blätter ist kein Grund zur Besorgnis, die Pflanze erneuert sich rasch.

Zimmerhopfen
(Beloperone guttata,
Syn.: *Justicia brandegeana)*

✿ ○ ⬆ 20–60 cm

Kleiner Strauch, der sich dezent in Einrichtungen mit warmen Holztönen einfügt.

Wuchs: Buschig verzweigter Halbstrauch mit behaarten spitzovalen Blättern.

Blüte: Lange Ähren mit rotbraunen oder gelben Deckblättern und weißen röhrenförmigen Blüten; Blütenstände halten das ganze Jahr, Blüte nur kurz.

Standort: Sehr hell, nicht sonnig; im Sommer warm, im Winter eher kühl.

Pflege: Reichlich gießen, im Winter eher trocken halten, wöchentlich düngen von März bis August.

Pflanzenschutz: Blattläuse in beheizten Räumen; Blattfall durch schlechte Standortbedingungen und nasse Wurzeln im Winter.

Tipps: Im Februar stutzt man die Pflanze, um den Neuaustrieb anzuregen.

Zimmerhafer
(Billbergia nutans)

✿ ○ ⬆ 40–60 cm

Robuste Schönheit, die keinen grünen Daumen zur Pflege braucht, und gleichzeitig keine Allerweltspflanze ist.

Wuchs: Lang gestreckte Rosetten mit zahlreichen Kindeln, sodass buschige Horste aus grasähnlichen Blättern entstehen.

Blüte: Herunterhängende Blütenstände, rote oder rosafarbene Hochblätter, grünviolette Blüten; Juni bis August.

Standort: Sehr hell, nicht sonnig; ganzjährig bei Zimmertemperatur, im Winter auch kühler Platz möglich.

Pflege: Reichlich gießen, im Winter je nach Temperatur mehr oder weniger Wasser geben, ab Mai bis August wöchentlich düngen.

Tipps: Im Juni/Juli können große Pflanzen geteilt beziehungsweise umgetopft werden. Man verwendet normale Blumenerde.

Brunfelsie
(Brunfelsia pauciflora var. calycina)

15–35 cm

Ein Nachtschattengewächs (die Pflanze ist also giftig!), das mit großen Blüten Farbakzente in der Inneneinrichtung setzt.

Wuchs: Buschig, sparrig verzweigt, bis zu 10 cm lange, ledrige Blätter.

Blüte: Rundliche Blütenteller in Weiß oder Violett; Januar bis August.

Standort: Hell bis halbschattig; warm, im Winter kühl.

Pflege: Gleichmäßig feucht halten; wöchentlich düngen; im Winter weniger gießen.

Pflanzenschutz: Helle Flecken auf den Blättern deuten auf einen zu hohen pH-Wert hin, Eisendünger schafft Abhilfe; ab und zu Blattläuse.

Tipps: Durch den kühlen Winterstandort wird die Blütenbildung angeregt; Voraussetzung: gut ernährte Pflanzen.

Sorten: 'Floribunda' – blüht in den Wintermonaten, blaue Blüte mit weißem Auge.

Buntblatt
(Caladium-Bicolor-Hybriden)

30–70 cm

Mit einem Feuerwerk der Farben ist diese Blattschönheit ein Geheimtipp für alle, die auf Farbe in der Gestaltung setzen.

Wuchs: Buschig, vielblättrig; aus einer Knolle austreibend.

Blätter: An langen Stielen stehen die rundlich pfeilförmigen Blätter; verschiedenste, unregelmäßige Zeichnungen in Rot, Rosa oder Weiß.

Standort: Hell bis halbschattig, warme Bodentemperatur bevorzugt, Raumtemperatur ca. 20 °C.

Pflege: Gleichmäßig feucht halten und wöchentlich düngen; ab August Wasser- und Nährstoffgaben einstellen, da die Pflanze einzieht.

Pflanzenschutz: Blattläuse sind ein Zeichen für zu niedrige Luftfeuchtigkeit.

Tipps: Die Blätter dürfen nicht mit Wasser besprüht werden. Überwinterte Knollen werden ab Februar angetrieben.

Korbmarante
(Calathea makoyana)

20–60 cm

Tropische Blattschönheit, die ihre Blätter mit raffinierten, aber natürlichen »Tattoos« schmückt.

Wuchs: Buschige Blatthorste.

Blätter: Lang gestielt, länglich oval bis elliptisch, je nach Sorte 10–30 cm lang, fleckig oder streifig gezeichnet in Hell- und Dunkelgrün, Unterseite zum Teil auberginefarben.

Standort: Hell bis halbschattig, warm (ca. 20 °C), keine starke Absenkung der Temperatur in den Nachtstunden, hohe Luftfeuchtigkeit.

Pflege: Gleichmäßig feucht halten, ausschließlich weiches Wasser verwenden, von März bis August alle 14 Tage schwach dosiert düngen.

Pflanzenschutz: Spinnmilben, Schildläuse durch trockene Heizungsluft.

Tipps: Große Pflanzen teilen.

Weitere Art: *C. crocata* – olivgrünes Laub und orangefarbene Blütenstände.

Pantoffelblume
(Calceolaria-Hybriden)

10–15 cm

Pantoffelblumen sind wahre Frühlingshelden. Wenn sie erblühen, hat der Winter keine Chance mehr.

Wuchs: Buschig verzweigt, Blätter im unteren Viertel, darüber die dichten Blütenstände; einjährig.

Blüte: Rachenblüten mit blasenartig geformter Unterlippe, in Gelb, Orange, Rot, einfarbig, getigert; Januar bis Mai.

Standort: Hell, nicht sonnig, kühl, luftig.

Pflege: Reichlich gießen; es sollte kein Wasser im Untersetzer stehen; wöchentlich in den ersten vier Wochen düngen.

Pflanzenschutz: Weiße Fliege, Blattläuse bei zu warmer Luft.

Tipps: Beim Einkauf unbedingt darauf achten, dass unter den Blättern keine Schädlinge sitzen.

Glockenblume
(Campanula isophylla)

10–15 cm

Eine hübsche Blütenschönheit für den weiblichen Geschmack und leidenschaftliche Romantiker.

Wuchs: Kissenförmige Büsche aus krautigen Trieben, kleine, gestielte Blätter.

Blüte: Große, nach oben geöffnete Glocken, lilablau oder weiß, März bis Oktober.

Standort: Hell, pralle Mittagssonne meiden, luftig warm, kühler Winterplatz.

Pflege: Gleichmäßig feucht halten, alle 14 Tage düngen, im Winter trockener halten und keine Nährstoffe geben.

Pflanzenschutz: Spinnmilben bei trockener, heißer Luft; Grauschimmel bei nassem Stand.

Tipps: Wer die Pflanzen erfolgreich überwintert hat, topft sie Ende Februar in frische Erde.

Weitere Art: *C. carpatica* – sehr ähnliche, winterharte Staude, die häufig im Sommer als Topfblume angeboten wird.

Zierpfeffer
(Capsicum annuum)

15–25 cm

Hot & spicy! Dieser kleine Busch mit seinen feurigen Früchten peppt Ihre Wohnung garantiert auf.

Wuchs: Buschig verzweigt, mit spitzovalen Blättern, dunkelgrün; einjährig.

Blüte: Unscheinbar weiß bis violett, im Frühling und Sommer; spitze oder rundliche Früchte in Violett, Orange, Rot oder Gelb im Sommer und Herbst.

Standort: Hell bis sonnig, luftig, nicht zu warm (max. 20 °C); im Winter kühler stellen.

Pflege: Gleichmäßig feucht, nicht nass halten; während der Wachstumszeit düngen; Pflanzen, die bereits Früchte tragen, brauchen nur wenig Dünger.

Pflanzenschutz: Blattläuse und Spinnmilben bei warmer, trockener Luft.

Tipps: Alle Teile sind giftig, bis auf die Früchte, die aber so scharf sind, dass man besser die Finger davon lässt.

Leuchterblume
(Ceropegia woodii)

☼–○ ⬆ 50–200 cm

Diese Ampelpflanze hat etwas Märchenhaftes – nicht nur weil sie so pflegeleicht ist: Der Wuchs erinnert an Rapunzel.

Wuchs: Lange, fadenartig Triebe mit knollenartigen Verdickungen; unscheinbare, fleischfarbene Blüten.

Blätter: Klein, nierenförmig, Oberseite silbrig gefleckt, Unterseite zartrosa.

Standort: Sonnig bis hell, warm, im Winter kühler (12–20 °C).

Pflege: Leicht feucht halten, bei kaltem Winterstandort nur selten gießen; alle 4 Wochen schwach dosiert düngen.

Tipps: Legt man die Knöllchen auf die Erde, wurzeln sie rasch ein. Die langen Triebe kann man auch um Rankbögen oder Drahtfiguren flechten.

Grünlilie
(Chlorophytum comosum)

☼–◑ ⬆ 15–80 cm

Schlichte Schönheit, die kein großes Geschick mit Pflanzen verlangt und trotzdem Spaß macht.

Wuchs: Grasartige Büschel mit drahtigen, überhängenden Trieben mit unscheinbaren, weißen Blüten und Ausläuferpflanzen.

Blätter: Grasartig, überhängend, bis zu 40 cm lang, frischgrün oder grün-weiß gestreift.

Standort: Sonnig, hell oder halbschattig, ganzjährig warm.

Pflege: Gleichmäßig feucht halten, von März bis August düngen.

Pflanzenschutz: Braune Blattspitzen durch trockene Luft oder zu viel/zu wenig Wasser.

Tipps: Die Ausläuferpflanzen kann man topfen. Die Grünlilie reduziert den Schadstoffgehalt der Luft.

Sorte: 'Curly Locks' – Blätter gedreht (Bild siehe Seite 58)

Zimmerwein
(Cissus rhombifolia)

○–◑ ⬆ 30–200 cm

Ein Klassiker unter den rankenden Zimmerpflanzen, der zur Familie der Rebengewächse gehört.

Wuchs: Sparrig am Spalier kletternd oder locker überhängend.

Blätter: Rautenförmig, geteilt, glänzend dunkelgrün, leicht behaart.

Standort: Hell bis halbschattig, keine direkte Sonne, warm (16–20 °C).

Pflege: Gleichmäßig feucht halten, bei niedrigen Temperaturen nur mäßig gießen, im Frühling und Sommer einmal pro Woche düngen.

Pflanzenschutz: Pilzkrankheiten wie Mehltau durch Nässe im Winter; Blattfall ist ein Zeichen für einen schlechten Standort.

Tipps: Hübsch als Raumteiler.

Sorten/weitere Art: 'Ellen Danica' – eingeschnittene Blätter, gedrungener Wuchs; *C. antarctica* – stark kletternd, bis 3 m, ungeteilte Blätter, gesägter Rand, glänzend grün.

Calamondin-Orange
(× Citrofortunella mitis)

20–200 cm

Genau richtig, wenn Sie aus der Fensterbank eine kleine Orangerie machen wollen.

Wuchs: Dicht verzweigtes Minibäumchen mit ledrigen, spitzovalen dunkelgrünen Blättern.

Blüte: Klein, weiß, intensiv duftend; walnussgroße, rundliche Orangenfrüchte, erst grün, später orange.

Standort: Sonnig, hell, im Sommer warm, im Winter 15–18 °C, ausreichende Luftfeuchte.

Pflege: Regelmäßig gießen, im Winter nur sparsam, aber häufiger besprühen, von März bis August düngen, dafür am besten einen speziellen Dünger für Zitruspflanzen verwenden.

Pflanzenschutz: Schildläuse und Spinnmilben durch trockene Luft; Chlorose durch kalkhaltiges Gießwasser.

Tipps: Zum Umtopfen Spezialerde für Zitrusgewächse verwenden.

Losbaum
(Clerodendrum thomsoniae)

30–60 cm

Mit raffinierten Blüten zieht der Losbaum die Aufmerksamkeit im Laden auf sich, zu Hause enttäuscht er häufig, weil er trockene Luft überhaupt nicht verträgt.

Wuchs: Buschig, kletternd, große, stumpf dunkelgrüne Blätter.

Blüte: Trugdolden an den Triebenden, schneeweiße Kelchblätter um knallrote Blüten; März bis Juli.

Standort: Hell; warm, luftfeucht.

Pflege: Leicht feucht halten, nur weiches Wasser verwenden, während der Blüte wöchentlich düngen.

Pflanzenschutz: Bei trockener Luft werden die Knospen abgeworfen; Blattflecken durch nasskalte Wurzeln.

Tipps: Bei 12 °C überwintern – auch wenn das Laub abgeworfen wird. Der Neuaustrieb folgt nach einem leichten Rückschnitt im Frühjahr.

Weitere Art: *C. ugandense* – violette Blüten, Mai bis September.

Klivie
(Clivia miniata)

40–70 cm

Klivien sind gute Freunde, die uns ein Leben lang begleiten und Jahr für Jahr ihre orangeroten Blütenstiele treiben.

Wuchs: Fleischig verdickter Schaft aus dicken, dunkelgrünen, riemenförmigen Blättern.

Blüte: 10 bis 12 trichterförmige Einzelblüten in einer Dolde auf einem einzelnen dicken Stiel, orangerot mit gelber Mitte, Februar bis Mai.

Standort: Hell und kühl, wenn die Blüte erscheint, etwas wärmer stellen.

Pflege: Reichlich gießen, keine Staunässe; von Oktober bis Januar Ruheperiode, von März bis Juli alle zwei Wochen düngen.

Pflanzenschutz: Schmier- und Schildläuse durch zu warmen Standort in den Wintermonaten.

Tipps: Im Sommer ins Freie stellen. Enthält giftige Alkaloide.

Kroton, Wunderstrauch
(Codiaeum variegatum var. *pictum)*

50–120 cm

Die orangegelben Farbmuster auf den olivgrünen Blättern sind wirklich ein kleines Wunder, das Farbe in die Wohnung bringt.

Wuchs: Meist eintriebig, aufrecht, selten buschig verzweigt.

Blätter: Unregelmäßige Blätter, unterschiedliche Formen und Größen, auch korkenzieherartig gedreht, glänzend dunkelgrün mit Aderungen, Punkten und Marmorierungen in Orange, Gelb und Rottönen.

Standort: Hell, warm; hohe Luftfeuchtigkeit.

Pflege: Während des Wachstums gleichmäßig gießen, von September bis März trockener halten; von März bis August wöchentlich schwach dosiert düngen.

Pflanzenschutz: Schildläuse, Spinnmilben durch trockene Luft.

Tipps: Ein heller Standort begünstigt die intensive Blattfärbung.

Kaffeebäumchen
(Coffea arabica)

60–200 cm

Kaffeekultur ist in – wie wäre es mal mit lebendigem Grün anstelle von Caffé Latte, Schümli oder Espresso?

Wuchs: Sparrig verzweigtes Bäumchen, weiße Blüten im Sommer.

Blätter: Dunkelgrün, breit lanzettlich, bis 15 cm lang, gewellte Ränder, glänzend, immergrün.

Standort: Sonnig bis halbschattig, warm.

Pflege: Gleichmäßig feucht halten, kalkfreies Wasser verwenden, während des Austriebs besprühen; von April bis August düngen.

Pflanzenschutz: Schildläuse vor allem im Winter bei Heizungsluft.

Tipps: Zum Topfen kalkfreie Erde verwenden. Kann aus Samen (nicht aus gerösteten Bohnen!) selbst angezogen werden.

Kolumnee
(Columnea-Hybriden)

40–80 cm

Eine bezaubernde Ampelpflanze, die sich mit wundervollen feuerroten Blüten schmückt.

Wuchs: Vieltriebig, zunächst meist flach wachsend, je länger die Triebe werden, desto mehr hängen sie herunter; dicht besetzt mit kleinen, spitz-runden Blättern, glänzend dunkelgrün.

Blüte: Rote, mehrere Zentimeter lange Röhrenblüten an den Trieben; März bis August.

Standort: Hell, nicht sonnig, ganzjährig warm (ca. 20 °C).

Pflege: Gleichmäßig feucht, aber nicht nass halten; kalkhaltiges Gießwasser vermeiden; wöchentlich niedrig dosiert düngen; alle zwei Jahre umtopfen.

Pflanzenschutz: Empfindlich gegen Lufttrockenheit und Zugluft.

Tipps: Blütenbildung wird durch kühle Phase (15–18 °C) angeregt.

Keulenlilie
(Cordyline terminalis, Syn.: C. fruticosa)

↑ 50–100 cm

Das Agavengewächs zählt zum Standard, ist aber in der Wohnung nicht ganz so leicht zufrieden zu stellen.

Wuchs: Aus einer keulenförmigen Speicherknolle treibt der belaubte Stamm.

Blätter: Gestielt, lanzettlich, bis 20 cm lang und ca. 8 cm breit, je nach Sorte unregelmäßig rot oder gelb gestreift.

Standort: Hell, warm; hohe Luftfeuchtigkeit.

Pflege: Gleichmäßig feucht halten, keine Staunässe, von März bis August düngen, vor allem im Winter die Blätter öfter besprühen.

Pflanzenschutz: Spinnmilben, Thripse und Schildläuse als Folge von zu trockener Heizungsluft.

Tipps: Werden die Pflanzen lang und unförmig, verjüngt man sie durch einen Kopfsteckling, der bewurzelt wird.

Weitere Art: *C. indivisa* – mit schmalen Blättern.

Geldbaum, Dickblatt
(Crassula ovata)

↑ 40–70 cm

Die ideale Pflanze für alle, die das Gießen hin und wieder vergessen, denn diese Sukkulente bevorratet sich in Trieben und Laub mit Wasser.

Wuchs: Reich verzweigter Busch, der im Frühsommer weiße Blüten bildet.

Blätter: Fleischig verdickt, oval, grüngrau, etwa 4 cm lang.

Standort: Sonnig hell bis halbschattig, warm; im Winter kühler.

Pflege: Mäßig feucht halten, die Erde kann durchaus abtrocknen, Nässe vermeiden; alle 4 Wochen mit Kakteendünger versorgen.

Pflanzenschutz: Wurzel- und Wollläuse bei einem zu warmen Platz im Winter.

Tipps: Beim Umtopfen immer reichlich Sand unter das Substrat mischen, um Staunässe vorzubeugen.

Zieringwer
(Curcuma alismatifolia)

↑ 40–80 cm

Dank ihrer raffinierten Blütenstände hat diese Neuheit rasch Wohnzimmer und Fensterbank erobert.

Wuchs: Straff aufrechte Blätter wachsen aus der Knolle; frischgrünes, spitzovales Laub.

Blüte: Lang gestielt, am Ende bilden die schuppenförmig übereinander liegenden Hochblätter einen Kolben, der unten grün und oben hellrosa gefärbt ist, die eigentliche Blüte ist unscheinbar; Juni bis September.

Standort: Hell, warm (über 20 °C).

Pflege: Gleichmäßig feucht halten; wöchentliche Düngergaben.

Pflanzenschutz: Bei zu trockener Luft anfällig für Spinnmilben.

Tipps: Im Herbst weniger gießen, um die Ruhephase einzuläuten. Die Knollen trocken bei 15 °C lagern. Im Frühjahr vor dem Austrieb in frische Erde topfen.

Palmfarn
(Cycas revoluta)

⬆ 20–100 cm

Dieses lebende Fossil wächst nur langsam. Große Exemplare sind eine Kostbarkeit, für die man ein Händchen haben muss.

Wuchs: Knolliger Stamm, um den kranzförmig die Wedel stehen.

Blätter: Immergrüne Wedel mit nadelartigen Fiederblättchen, Wedel bis 2 m lang, Fiederblättchen ca. 6 cm lang.

Standort: Hell, ganzjährig warm (mindestens 15 °C); feuchte Luft.

Pflege: Gießen, wenn die Erde trocken ist, im Winter seltener; Staunässe; von März bis August mit organischem Dünger versorgen.

Pflanzenschutz: Woll- und Schildläuse bei trockener Heizungsluft.

Tipps: Mischen Sie etwas Tongranulat unter die Erde, um den Wasserhaushalt zu regulieren.

Weitere Art: *Zamiapumila* – breite Fiederblätter; sonnig, helle Plätze, liebt es warm.

Alpenveilchen
(Cyclamen persicum)

⬆ 15–25 cm

Blütenpower für die triste Jahreshälfte. Allerdings muss man wissen, dass es die kleine Knollenpflanze luftig und kühl mag.

Wuchs: Buschig, gestielte rundliche Blätter aus einer flachen, fleischigen Knolle; Laub mit silbriger Zeichnung.

Blüte: Lang gestielt über dem Laub, zurückgeschlagene, lange Blütenblätter, in Rot, Rosa, Pink, Weiß, zum Teil zweifarbig; September bis April.

Standort: Hell, nicht sonnig; luftig, im Winter maximal 15 °C.

Pflege: Leicht feucht halten, keine anhaltende Nässe; zur Blütezeit düngen.

Pflanzenschutz: Staunässe verursacht Fäulnis, anfällig für Blattläuse und Spinnmilben an einem zu warmen Standort.

Tipps: Welke Blüten ruckartig auszupfen.

Sorten: Zahlreiche verschiedene Wuchs- und Blütengrößen.

Zypergras
(Cyperus alternifolius)

⬆ 60–100 cm

Dieses raffinierte Gras entpuppt sich nicht nur als dekorativ, sondern als grüne Klimaanlage, die die Raumluft verbessert.

Wuchs: Aufrechtes, horstbildendes Gras.

Blätter: Schmal, linealisch, bis 30 cm lang, schirmartig angeordnet an der Triebspitze, dazwischen kleine Blütchen.

Standort: Hell, warm; im Winter kühler, sehr feucht.

Pflege: Ballen stets nass halten, von April bis September alle zwei Wochen düngen.

Pflanzenschutz: Spinnmilben durch zu trockene Luft.

Tipps: Braune Blattspitzen sind ein Zeichen für zu trockene Luft.

Weitere Art: *Cyperus papyrus* – Echter Papyrus, fadenförmige Blätter, Kultur im Zimmer schwierig, weil die Luftfeuchtigkeit meist nicht ausreicht.

Dieffenbachie
(Dieffenbachia-Hybriden)

○–◑ ↑ 40–100 cm

Beliebte Grünpflanze, die leider nicht ganz einfach in der Zimmerkultur ist, da sie sehr feuchte Luft braucht.

Wuchs: Aufrecht, buschig, mehrtriebig.
Blätter: Breit eiförmig, bis 30 cm lang, grün mit weißer oder gelber Zeichnung.
Standort: Hell, luftig warm, ca. 20 °C; hohe Luftfeuchtigkeit.
Pflege: Mit weichem Wasser regelmäßig gießen, im Winter etwas weniger, Luftfeuchte indirekt erhöhen; im Sommer einmal pro Woche niedrig dosiert düngen.
Pflanzenschutz: Spinnmilben und Blattläuse durch zu trockene Luft, Wurzelfäule durch kalte Nässe.
Tipps: Für Hydrokultur geeignet. Die Pflanze ist in allen Teilen giftig und der Saft reizt Haut und Schleimhäute.

Sorten: 'Amoena' – schwach gefleckt; 'Tropic Snow' – gelbgrün gezeichnet.

Duftender Drachenbaum
(Dracaena fragrans)

○–◑ ↑ 30–200 cm

In den Genuss der duftenden Blüten, denen dieser Drachenbaum seinen Namen verdankt, kommt man nur selten.

Wuchs: Baumartig, am unbelaubten Stamm sitzen die überhängenden Blattschöpfe.
Blätter: Schraubig angeordnet, lanzettlich, bis 50 cm lang, immergrün, zum Teil gelbgrün gestreift.
Standort: Hell bis halbschattig, warm, luftfeucht.
Pflege: Regelmäßig gießen, keine Staunässe; vom Frühjahr bis zum Sommer alle 14 Tage düngen.
Pflanzenschutz: Schildläuse und Spinnmilben durch zu trockene Heizungsluft.
Tipps: Für buntlaubige Sorten ist ein heller Standort zu bevorzugen. Jedes zweite Frühjahr umtopfen.

Sorten: 'Massangeana' – breite gelbgrüne Streifen.

Drachenbaum
(Dracaena marginata)

○–◑ ↑ 20–120 cm

Der wohl häufigste Drachenbaum ist zierlich und fügt sich dezent ein, wo kein Platz für einen üppigen Zimmerbaum ist.

Wuchs: Baumartig, an den dünnen Stämmchen sitzen die überhängenden Blattschöpfe.
Blätter: Schraubig angeordnet, schmal lanzettlich, glänzend grün mit rotbraunem Rand, Unterseite rötlich, bis 30 cm lang.
Standort: Hell bis halbschattig, warm; luftfeucht.
Pflege: Regelmäßig gießen, keine Staunässe; vom Frühjahr bis zum Sommer alle 14 Tage düngen.
Pflanzenschutz: Schildläuse bei zu trockener Luft.
Tipps: Wenn neue Blätter im Frühling treiben, werden die unteren meist trocken und fallen ab.

Sorten: 'Tricolor' – weiß gestreifte Blätter.

Efeutute
(Epipremnum pinnatum)

○–● ⬆ 40–200 cm

Wenn nichts gedeiht, ganz gleich, warum, dann sollte man es noch mal mit der Efeutute probieren. Sie verzeiht viel!

Wuchs: Kletternde oder hängende Triebe mit zahlreichen Blättern.

Blätter: Herzförmig, immergrün, glänzend, dunkelgrün mit gelben oder weißen Flecken.

Standort: Hell bis schattig, warm.

Pflege: Regelmäßig gießen; von März bis August wöchentlich düngen.

Pflanzenschutz: Wurzelfäule bei anhaltender Staunässe.

Tipps: Triebspitzen mit 4 bis 6 Blättern wurzeln in einem Wasserglas rasch.

Sorten: 'Aureum' – gelb gezeichnetes Laub; 'Marbel Queen' – weiße Blätter mit grünen Punkten und Flecken.

Weihnachtsstern
(Euphorbia pulcherrima)

○ ⬆ 10–150 cm

Den Klassiker für die Adventszeit gibt es in allen Größen: als Minis, kleine und große Büsche und sogar als Hochstämmchen – und jedes Jahr gibt es neue Sorten.

Wuchs: Buschig verzweigt, große, eichenblattartig gebuchtete Blätter.

Blüte: Unscheinbar gestielte Blüten, auffällige Hochblätter in Creme, Rosa, Lachs und Rot, zum Teil marmoriert; November bis Februar.

Standort: Hell, während der Blüte mäßig warm, ca. 18 °C.

Pflege: Reichlich gießen, Staunässe vermeiden; im Juni bis Dezember regelmäßig düngen.

Pflanzenschutz: Weiße Fliege durch zu trockene Luft.

Tipps: Während der Blütezeit die Pflanzen nachts kühler stellen, um die Blütezeit zu verlängern. Enthält haut- und schleimhautreizende Stoffe.

Christusdorn
(Euphorbia milii)

☼–◑ ⬆ 30–70 cm

Wer dem Retro-Look die Krone aufsetzen will, der wird um den Christusdorn auf dem Nierentisch nicht herumkommen.

Wuchs: Sparrig aufrecht, bedornte Triebe mit vereinzelten, eiförmiges Laub.

Blüte: Winzig, gelb, gesäumt von zwei roten oder rosafarbenen Hochblättern, in endständigen Trugdolden; Oktober bis März.

Standort: Sonnig bis halbschattig, warm.

Pflege: Wenig gießen, im Winter nicht ganz austrocknen lassen; von März bis August alle zwei Wochen Kakteendünger ins Gießwasser geben.

Pflanzenschutz: Kälte und Nässe führen zu Blattfall.

Tipps: Zum Umtopfen eine feste Pappschlaufe um den gesamten Strauch legen und daran anfassen.

Weitere Art: *E. x lomii* – Kreuzung aus *E. milii* und *E. lophogona*, blüht das ganze Jahr.

Blaues Lieschen
(Exacum affine)

15–20 cm

Ein kleines, duftendes Blümchen, das einen Hauch von Romantik in jedes Zimmer bringt.

Wuchs: Buschig verzweigt mit kleinen, herzförmigen Blättern.

Blüte: Kleine lilablaue Blüten mit gelber Mitte dicht über den Busch verteilt; Juli bis September.

Standort: Hell, nicht sonnig; luftig, warm.

Pflege: Regelmäßig gießen, der Ballen darf nicht austrocknen, keine Staunässe; im Sommer alle zwei Wochen düngen.

Tipps: Das Blaue Lieschen wird einjährig gezogen, daher ist die Pflanze recht unkompliziert und braucht nur anfangs Dünger. Hübscher Tischschmuck.

Sorten: 'Royal Dane Weiß' – weiße Blüten; 'Atrocaeruleum' – kräftig liliablaue Blüten.

Zimmeraralie
(Fatsia japonica)

60–200 cm

Robuste Schönheit, die sich rasch zu einem üppigen Lückenfüller entwickelt, wenn sie im Winter einen kühlen Platz bekommt.

Wuchs: Aufrecht, mehrstämmig.

Blätter: Handförmig, 5–7-lappig, immergrün, glänzend, 20 bis 30 cm breit.

Standort: Hell bis schattig, keine direkte Sonne, luftig und kühl.

Pflege: Im Sommer reichlich gießen, im Winter weniger; während der Wachstumszeit wöchentlich düngen.

Pflanzenschutz: Spinnmilben sind das eindeutige Zeichen für einen zu warmen Standort.

Tipps: Wer für den Flur oder ein Gästezimmer nach Norden noch eine passende Pflanze sucht, sollte sich den Namen merken.

Sorten: 'Variegata' – mit gelbbuntem Laub, braucht etwas mehr Licht.

Birkenfeige
(Ficus benjamina)

20–150 cm

Robust, beliebt und vielfältig – es gibt immer wieder neue Sorten des »Benjamin«.

Wuchs: Mehrstämmiger Kleinbaum, überhängende Krone.

Blätter: Eiförmig zugespitzt, glänzend gestielt, bis 10 cm lang.

Standort: Hell, Zimmertemperatur; feuchte Luft, Bodenwärme.

Pflege: Gleichmäßig feucht halten, Staunässe führt zu Blattfall; regelmäßig düngen, ideal ist Langzeitdünger.

Pflanzenschutz: Schildläuse und Rote Spinne bei zu trockener Luft.

Tipps: Werden die Pflanzen zu groß und ausladend, kann man sie zurückschneiden. Man muss nur aufpassen: Der Milchsaft macht hässliche Flecken.

Sorten: 'Esther' – frischgrün, lockerer Wuchs; 'Bushy Prince' – dichtbuschig, kompakt; 'Midnight Lady' – dunkelgrün; 'Starlight' – weißgrüne Blätter; 'Wiandi' – langsam wachsend.

Geigenfeige
(Ficus lyrata)

80–200 cm

Die großen Blätter lassen ahnen, dass man viel Platz für diesen dekorativen Zimmerbaum benötigt.

Wuchs: Aufrechter Baum, in Kultur meist eintriebig, verzweigt durch Entspitzen.

Blätter: Die Form erinnert an eine Geige, kurz gestielt, dunkelgrün, 30–50 cm lang, über 20 cm breit.

Standort: Hell; feuchte Luft.

Pflege: Gleichmäßig feucht halten, regelmäßig düngen.

Pflanzenschutz: Schildläuse und Rote Spinne bei zu geringer Luftfeuchte.

Tipps: Schon an den jungen Pflanzen erscheinen die grüne Früchte, die einer Walnuss ähneln. Auch Leierkastenblättriger Feigenbaum genannt.

Weitere Art: *Ficus elastica* 'Decora' – der Klassiker unter den Zimmerbäumen, glatte, glänzende Blätter, meist wenig verzweigt.

Kletterfeige
(Ficus pumila)

20–150 cm

Ein kletternder Gummibaum, der sehr wüchsig ist. Man kann ihn gut verwenden, um den Ballen von Hochstämmchen zu bepflanzen.

Wuchs: Kriechend, bildet Haftwurzeln auf geeignetem Untergrund; sonst überhängend oder bodendeckend.

Blätter: Eiförmig, wenige Zentimeter groß, mattgrün.

Standort: Hell; hohe Luftfeuchtigkeit.

Pflege: Gleichmäßig feucht halten, Ballentrockenheit unbedingt vermeiden; regelmäßig düngen.

Tipps: Hübscher Lückenfüller in Regalen und auf Schränken. Man kann das Grün auch an Bögen und kleinen Spalieren ziehen.

Sorten: 'Sonny' – weißgrünes Blattwerk

Fittonie
(Fittonia verschaffeltii)

10–20 cm

Kleine Blattschmuckpflanze, die so manche Schale aufpeppt und sich gut zur Unterpflanzung von Zimmerbäumen eignet.

Wuchs: Niederliegende, kriechende Triebe; Blüten unauffällig gelb.

Blätter: Elliptisch, immergrün, mit auffälliger Aderung.

Standort: Halbschattig bis schattig, ganzjährig warm, feuchte Luft.

Pflege: Regelmäßig gießen und besprühen.

Pflanzenschutz: Blattfall bei Zugluft.

Tipps: Durch regelmäßiges Entspitzen werden die Pflanzen kompakt und dichtbuschig.

Sorten: 'Argyroneura' – weiße Adern; 'Pearcei' – rote Adern

Gerbera
(Gerbera jamesonii)

☼–○ ⬆ 20–50 cm

Aus Blumensträußen kennt man die knallbunten Margeritenblüten. Jetzt sorgen sie für Flowerpower auf der Fensterbank.

Wuchs: Buschige Staude, rosettenförmig angeordnete Blätter, länglich zugespitzt.

Blüte: Zungen- und Röhrenblüten, einfach oder gefüllt, rot, gelb, rosa, lachs, ganzjährig.

Standort: Sonnig bis hell, luftig, im Hochsommer vor praller Mittagssonne schützen.

Pflege: Gleichmäßig feucht halten, im Sommer hoher Wasserbedarf; regelmäßig düngen.

Pflanzenschutz: »Nasse Füße« fördern Pilzkrankheiten; Spinnmilben, Weiße Fliege und Thripse sind ein Zeichen für zu warmen Standort.

Tipps: Als Mini-Pflanzen sind Gerbera ein toller Tischschmuck für Feste.

Ruhmeskrone
(Gloriosa superba 'Rothschildiana'
Syn.: *G. rothschildiana)*

○ ⬆ 30–60 cm

Atemberaubende Blütenschönheit, mit der man dezent langweilige Ecken veredelt.

Wuchs: Kletterpflanze, die aus einer Knolle austreibt und Blattspitzen zu Ranken umgebildet.

Blüte: Große feuerrote Blüten mit raffiniert zurückgeschlagenen Blütenblättern mit gelbem Rand; Juni bis August.

Standort: Hell und warm.

Pflege: Regelmäßig gießen, Blätter besprühen; wöchentlich düngen bis zum Ende der Blütezeit.

Pflanzenschutz: Blattläuse und Spinnmilben bei Lichtmangel und zu geringer Luftfeuchtigkeit.

Tipps: Zum Antreiben der mäßig warm und trocken überwinterten Knollen die Töpfe sehr hell und warm (25–30 °C) stellen (mit Bodenwärme). Die Pflanze enthält den Giftstoff Colchizin.

Guzmanie
(Guzmania-Hybriden)

○–◑ ⬆ 30–60 cm

Mit den leuchtenden Hochblättern wird das Ananasgewächs zum Blickfang auf Sideboards und Tischen.

Wuchs: Trichterförmige Rosetten mit schraubig gestellten Blättern, linealisch dunkelgrün, bis 30 cm lang.

Blüte: Lang gestreckter Blütenstand aus meist rot gefärbten Hochblättern, dazwischen kleine, gelbe Blüten.

Standort: Hell, nicht sonnig, ganzjährig warm (über 20 °C), luftfeucht.

Pflege: Mit weichem Wasser gießen, auch in den Blatttrichter; alle 14 Tage schwach dosiert düngen.

Pflanzenschutz: Schildläuse und Spinnmilben bei zu trockener Luft; Wurzelläuse.

Tipps: Die Pflanzen werfen bizarre Schattenbilder an der Wand, wenn man sie geschickt beleuchtet.

Sorten: Verschiedene Sorten mit gelben, dunkelroten und rosaroten Hochblättern.

Efeu
(Hedera helix)

○–● ⬆ 20–200 cm

Eine Allerweltspflanze, die hinsichtlich der Lichtansprüche bescheiden ist, üppig wächst und ein abwechslungsreiches Sortenspektrum zu bieten hat.

Wuchs: Überhängende Triebe, selten kletternd im Innenraum, stark und schwach wachsende Sorten.

Blätter: Drei- bis fünffach gelappt, mattgrün, weiße oder gelbe Zeichnungen und Marmorierungen; viele Spielformen.

Standort: Hell bis schattig, ganzjährig Zimmertemperatur möglich, bei entsprechender Luftfeuchte im Winter, sonst kühl in der lichtarmen Jahreszeit.

Pflege: Regelmäßig gießen und von März bis August wöchentlich düngen.

Pflanzenschutz: Spinnmilben bei zu warmer Überwinterung, Schildläuse als Folge von trockener Luft.

Tipps: Sorten mit heller Zeichnung vergrünen an einem dunklen Standort.

Chinesischer Roseneibisch, Hibiskus
(Hibiscus rosa-sinensis)

☼–○ ⬆ 30–100 cm

Die großen Blüten verbreiten Sommerlaune und Südseefeeling. Ein wirksames Mittel gegen chronisches Fernweh.

Wuchs: Aufrecht, buschig mit eiförmigen, dunkelgrünen Blättern.

Blüte: Schalenförmig mit auffälliger langer Narbe, rosa, rot, orange, gelb, weiß, zum Teil andersfarbiger Schlund, März bis Oktober.

Standort: Hell bis vollsonnig, vor praller Mittagssonne schützen; warm, im Winter nicht unter 14 °C.

Pflege: Gleichmäßig feucht halten, im Sommer hoher Wasserbedarf; von März bis September wöchentlich düngen.

Pflanzenschutz: Blattläuse, Wollläuse und Spinnmilben sind ein Zeichen für trockene Heizungsluft. Blütenfall bei Standortwechsel möglich.

Tipps: Im Sommer windgeschützt auf Balkon oder Terrasse stellen.

Amaryllis, Ritterstern
(Hippeastrum-Hybriden)

○–◑ ⬆ 40–70 cm

Die großen, roten oder rosafarbenen Blütentrichter haben sich als Farbtherapie für die Wintermonate bewährt.

Wuchs: Aus einer dicken Zwiebel wächst erst der Blütenstiel und später riemenförmiges Blattwerk.

Blüte: Trichterförmig, bis 15 cm Durchmesser, rosa, rot, weiß, 2–6 Blüten pro Blütenstiel, Januar bis April.

Standort: hell, nicht vollsonnig, warm.

Pflege: Wenn der Blütentrieb erscheint, mäßig gießen, dann langsam steigern; nach der Blüte Stiel abschneiden, weiter gießen und düngen; ab August weniger gießen, bis die Pflanze einzieht.

Pflanzenschutz: Roter Brenner (Pilzkrankheit der Zwiebel) wird begünstigt durch kalten, nassen Standort.

Tipps: Zur Anzucht gibt es wie für die Hyazinthentreiberei dekorative Gläser.

Wachsblume
(Hoya bella)

30–90 cm

Ein blühender Klassiker für Blumenampeln, der ein bisschen old fashioned wirkt, weil man ihn von Omas Blumenfenster kennt.
Wuchs: Überhängender oder kletternder Strauch mit kleinen, elliptisch geformten Blättern.
Blüte: Sternförmig, wachsartig, weiß mit roter Mitte, in dichten Trugdolden; Mai bis September.
Standort: Hell, warm, luftfeucht.
Pflege: Mäßig gießen, im Winter weniger, von März bis September alle zwei Wochen düngen.
Pflanzenschutz: Blattfall durch »kalte Füße«, Schild- und Wollläuse bei trockener Heizungsluft.
Tipps: Auch für Hydrokultur geeignet.

Weitere Art: *H. carnosa* – duftende Blüten, schlingende Triebe, üppiger im Wuchs, verträgt etwas kühlere Plätze im Winter (ca. 14 °C).

Hortensie
(Hydrangea macrophylla)

40–80 cm

Die opulenten Blütenstände lassen das Herz von romantischen Naturen höher schlagen.
Wuchs: Breitbuschig, große, eiförmige Blätter, mattgrün.
Blüte: Unscheinbar mit auffälligen Scheinblüten in Weiß, Rosa oder Blau, April bis September.
Standort: Hell bis halbschattig, kühl.
Pflege: Reichlich gießen mit kalkfreiem Wasser, im Sommer mit Spezialdünger für Hortensien oder Rhododendren düngen.
Pflanzenschutz: Spinnmilben, Blattläuse bei zu warmem Standort.
Tipps: Im Sommer erholen sich die Sträucher im Freien prächtig. Kann kühl (bei 5–8 °C) überwintert werden; das Laub wird abgeworfen, und ab Februar treibt man die Hortensien wieder an.

Punktblume
(Hypoestes phyllostachya)

20–30 cm

Mit seinen zartrosa Punkten auf den Blättern erobert dieses pflegeleichte Pflänzchen nicht nur die Fensterbank, sondern auch romantische Träumer(innen).
Wuchs: Breit, buschig, aufrechte Triebe.
Blätter: Elliptisch, 5–7 cm lang, olivgrün, unregelmäßig rosarot gefleckt.
Standort: Hell bis halbschattig, warm, luftfeucht, im Winter nicht unter 18 °C, im Sommer 20–23 °C.
Pflege: Wurzelballen mäßig feucht halten, im Sommer alle 14 Tage düngen, Rückschnitt fördert buschiges Wachstum.
Tipps: Passt gut zu Körben mit rosablühenden Topfrosen; gut auch zur Unterpflanzung von Hochstämmchen geeignet.

Fleißiges Lieschen
(Impatiens-Neuguinea-Hybriden)

✿ ○–◑ ⬆ 15–25 cm

Im Sommer macht diese Blütenpflanze ihrem Namen alle Ehre und blüht ganz fleißig.

Wuchs: Horstartig, aufrecht, einjährig gezogen, lanzettliche Blätter, zum Teil mit gelber Zeichnung.

Blüte: Tellerförmig, gespornt, in Rosa, Rot, Lachs, Weiß, Hauptblütezeit von Mai bis Oktober.

Standort: Hell bis halbschattig, luftig frisch, nicht heiß.

Pflege: Regelmäßig gießen, sodass der Ballen nicht austrocknet; wöchentlich schwach dosiert düngen.

Tipps: Wenn bei sommerlicher Hitze Blumensträuße schnell verwelken, ersetzen Fleißige Lieschen den Vasenschmuck perfekt.

Weitere Art: *I. walleriana* – gedrungener Wuchs, größere Blüten, zum Teil gefüllt wie kleine Röschen; häufig als Balkonpflanzen angeboten.

Ixore
(Ixora coccinea)

✿ ○ ⬆ 25–45 cm

Südliche Farbenfreude wird von diesem eher kleinen Strauch im Blumenfenster unterstrichen.

Wuchs: Aufrecht, buschig, elliptische, bis 10 cm lange Blätter.

Blüte: Kleine Sterne mit Röhre, in endständigen großen Doldentrauben, in verschiedenen Rot- und Orangetönen, April bis August.

Standort: Hell, warm, luftfeucht.

Pflege: Regelmäßig mit weichem Wasser gießen, im Winter sparsamer gießen; von März bis August alle 2 Wochen schwach dosiert düngen.

Pflanzenschutz: Chlorose durch hartes Wasser, Blattfall durch starken Temperaturwechsel.

Tipps: Im September kräftig zurückschneiden, anschließend werden an den Triebspitzen neue Blütenknospen gebildet.

Jakobinie
(Jacobinia carnea, Syn.: *Justicia carnea)*

✿ ○ ⬆ 40–100 cm

Bizarre Blütenstände, die über viele Jahre hinweg sommerliche Blütenpracht in die Wohnung bringen.

Wuchs: Aufrecht buschig, verzweigt, große, breit elliptische, dunkelgrüne Blätter.

Blüte: Röhrenförmig, flaumig, große, ährenähnliche Blütenstände in verschiedenen Rosatönen, Mai bis September.

Standort: Hell, im Sommer warm, im Winter nicht kühler als 16 °C, hohe Luftfeuchtigkeit.

Pflege: Mäßig feucht halten, Ballen nicht trocken werden lassen, von März bis August alle 2 Wochen düngen.

Pflanzenschutz: Spinnmilben und Blattläuse bei trockener Luft.

Tipps: Im Frühjahr kräftig zurückschneiden.

Weitere Art: *J. pauciflora* (Syn.: *Justicia rizzinii)* – kleiner, mit orangeroten Blüten.

Jasmin
(Jasminum officinale)

60–200 cm

Das umwerfende Parfüm sorgt für ein sinnliches Pflanzenerlebnis im Zimmer.

Wuchs: Kletternd, gefiederte, eiförmige Blätter, frischgrün.

Blüte: Sternförmig, rund, mit Röhre, weiß, Juni bis September.

Standort: Sonnig bis halbschattig, luftig kühl, im Winter unter 10 °C.

Pflege: Mit weichem Wasser gießen, im Winter weniger; im Sommer alle 14 Tage düngen; Triebe regelmäßig in die Kletterhilfe flechten.

Pflanzenschutz: Blattläuse bei warmem Winterplatz.

Tipps: Im Winter fallen die Blätter ab, der Neuaustrieb erfolgt im Frühjahr. Laub gründlich entfernen, damit sich keine Schädlinge oder Krankheiten einnisten.

Sorten: 'Grandiflorum' – mit besonders großen Einzelblüten.

Flammendes Käthchen
(Kalanchoe blossfeldiana)

15–40 cm

Robuste und pflegeleichte Blütenschönheit, die sich dank ihrer unkomplizierten Art vielseitig verwenden lässt.

Wuchs: Buschig verzweigt, mit fleischigen, glänzend grünen Blättern.

Blüte: Klein, sternförmig, mit Röhre in endständigen Trugdolden über dem Laub, weiß, gelb, orange, rosa, rot, ganzjährig durch Lichtsteuerung.

Standort: Vollsonnig, warm.

Pflege: Sparsam gießen; Düngung entfällt bei einjähriger Kultur, sonst im Sommer alle 14 Tage düngen.

Pflanzenschutz: Wärme und Feuchtigkeit verursachen Mehltau und fördern Blatt- und Wollläuse.

Tipps: Die Blütenbildung wird durch kurze Tage angeregt, daher ist es schwierig, die abgeblühten Pflanzen wieder zum Blühen zu bekommen.

Marante, Pfeilwurz
(Maranta leuconeura)

20–130 cm

Die tropische Blattschönheit bevorzugt feuchtwarme Räume. Ihre Blattzeichnung erweist sich als abwechslungsreich.

Wuchs: Aufrechte Horste, Blüte unscheinbar.

Blätter: Eiförmig, lang gestielt, 10–15 cm lang, grün mit roten Adern oder braunen Flecken, Unterseite schimmert zum Teil rötlich.

Standort: Hell bis schattig, warm, hohe Luftfeuchtigkeit.

Pflege: Gleichmäßig feucht halten, Erde nicht austrocknen lassen; von April bis August schwach dosiert düngen.

Pflanzenschutz: Spinnmilben bei zu trockener Luft; Blattrandnekrosen bei zu kühlem Standort.

Tipps: Im Frühjahr können dichte Pflanzen geteilt werden.

Sorten: 'Erythroneura' – rote Blattadern; 'Fascinator' – rote Blattadern und braune Flecken; 'Kerchoviana' – braune Flecken zwischen den Blattadern.

Medinille
(Medinilla magnifica)

○ 50–150 cm

Viva la Diva – mit dieser Pflanze holen Sie sich eine Schönheit in die Wohnung, die die Aufmerksamkeit erregt, aber auch braucht.

Wuchs: Aufrechter Strauch mit überhängenden Trieben, lederartige, dunkelgrüne Blätter, bis 30 cm lang.

Blüte: Klein, rund, rosa, perlenförmige Knospen in bis zu 30 cm langen Rispen mit großen rosafarbenen Tragblättern; Februar bis August.

Standort: Hell, nicht sonnig, über 20 °C; im Winter 2 Monate nur 16 °C, um die Blütenbildung anzuregen; luftfeucht.

Pflege: Gleichmäßig feucht halten, nur zimmerwarmes, weiches Wasser verwenden; von März bis August wöchentlich düngen.

Pflanzenschutz: Rote Spinne bei zu trockener Luft.

Tipps: Wenn sich Knospen zeigen, sollte die Pflanze nicht mehr bewegt werden.

Fensterblatt
(Monstera deliciosa)

○–● 60–200 cm

Schnell wachsend, pflegeleicht und dekorativ – sprich: nicht nur für Anfänger eine perfekte Grünpflanze.

Wuchs: Locker kletternd mit zahlreichen Luftwurzeln, die in der Erde Halt finden.

Blätter: Herzförmig, durchlöchert und fiederförmig gelappt, dunkelgrün, glänzend, bis zu 80 cm lang.

Standort: Bevorzugt hell, gedeiht auch in schattigen Räumen; hohe Luftfeuchtigkeit.

Pflege: Mäßig feucht halten; von März bis August niedrig dosiert düngen; im Winter besprühen.

Pflanzenschutz: Schildläuse und Spinnmilben bei zu trockener Luft.

Tipps: Kopfstecklinge wurzeln rasch und fördern die Verzweigung der Mutterpflanze.

Mühlenbeckie
(Muehlenbeckia complexa)

○ 50–100 cm

Zierliche Rankpflanze, die sich dezent, aber elegant um Spaliere schlingt und die Füße von Hochstämmchen umspielt.

Wuchs: Kriechend, rankend, auch überhängend, zierliche Triebe, unscheinbare Blüten.

Blätter: Rund, gestielt, grün glänzend, 1–2 cm groß.

Standort: Hell, nicht sonnig, luftig; kühl überwintern.

Pflege: Mäßig gießen, aber keinesfalls den Ballen austrocknen lassen.

Tipps: Hübsch für dreidimensionale Rankgerüste. Triebe immer wieder in das Gestell einflechten und durch Schnittmaßnahmen die Verzweigung anregen.

Zierbanane
(Musa acuminata)

50–200 cm

Hier geht es nicht um die Früchte, sondern um das große, dekorative Blattwerk. Es befeuchtet die Luft in beheizten Räumen.

Wuchs: Aufrecht, staudig.

Blätter: Elliptisch, 1–1,5 m lang, immergrün, matt bläulich grün, stängelumfassend.

Standort: Sonnig, hell, nicht zugig, gern warm und luftfeucht.

Pflege: Reichlich gießen und während des Wachstums gut mit Nährstoffen versorgen.

Pflanzenschutz: Bei trockener Luft häufig Spinnmilben und Thripse.

Tipps: Die Bananenstaude sollte in keinem Büro fehlen, da sie sehr gute Eigenschaften zur Verbesserung des Raumklimas besitzt.

Neoregelie
(Neoregelia carolinae)

20–30 cm

Das Farbenspiel von grünem Laub und roter Rosettenmitte wirkt anregend und belebend.

Wuchs: Rosettenförmiger Blatttrichter, Blüten unscheinbar.

Blätter: Linealisch, immergrün, glänzend, übergeneigt, schraubig gestellt, in der Mitte leuchtend rot gefärbt.

Standort: Hell, feucht-warm.

Pflege: Mit weichem Wasser gießen, auch in den Trichter, regelmäßig besprühen, während der Wachstumszeit 14-tägig schwach dosiert düngen.

Pflanzenschutz: Trockene Blattspitzen durch geringe Luftfeuchte.

Tipps: Nach der Blüte bilden sich Kindel, die man abtrennt, wenn sie die Größe der Mutterpflanze erreicht haben.

Sorten: 'Flandria' – schmale, weiße Blattränder; 'Tricolor Perfecta' – gelbe Streifen in der Blattmitte.

Schwertfarn
(Nephrolepis exaltata)

50–80 cm

Mit seinen dichtbuschigen Wedeln hat dieser Farn einen festen Platz auf der Liste der Klassiker und ist zugleich sehr robust.

Wuchs: Aufrecht, Ausläufer bildender Horst.

Blätter: Grundständig, lanzettlich gefiedert, hellgrün, bis 1 m lang.

Standort: Hell bis schattig, luftig, nicht zu warm.

Pflege: Regelmäßig gießen; in der Heizperiode mit Wasser einsprühen; von März bis August wöchentlich schwach dosiert düngen.

Pflanzenschutz: Selten Spinnmilben und Schildläuse.

Tipps: Bei kräftigen Sommerregen stellt man die Pflanzen ins Freie. Vermehrung durch Teilung dichter Pflanzen.

Sorten: 'Regina' – groß, dichtbuschig; 'Teddy Junior' – niedrige Sorte.

Korallenmoos
(Nertera granadensis)

5–10 cm

Die dicht mit orangefarbenen Beeren bespickten Polster sehen aus wie das Nadelkissen einer emsigen Schneiderin.

Wuchs: Polster bildend, krautig, mit winzigen, hellgrünen Blättchen.

Blüte: Unscheinbar, später 7–8 mm große Beeren in leuchtendem Orange, reinem Weiß oder sattem Gelb; Mai bis Juli.

Standort: Hell bis halbschattig, luftig, kühl.

Pflege: Reichlich gießen, im Winter etwas sparsamer; von März bis August alle vier Wochen düngen.

Pflanzenschutz: Läuse durch Zugluft oder zu warme Plätze im Winter.

Tipps: Ideal für schmale Fensterbänke und kleine Töpfe, auch witzig als Tischschmuck für eine festliche Tafel.

Zierklee
(Oxalis adenophylla)

10–20 cm

Die dichten Blatthorste mit den großen hellrosa Blüten bezaubern durch nostalgischen Charme.

Wuchs: Krautige Horste aus schuppigen Rhizomen, gestielte vierteilige Blätter, rundlich gefächert, graugrün.

Blüte: Trichterförmig, rosa, in der Mitte heller, von Juni bis September.

Standort: Hell bis halbschattig, luftig.

Pflege: In kleinen Mengen gießen, aber die Erde nicht austrocknen lassen; alle 2–3 Wochen düngen.

Tipps: Im Winter sollten die Knollen trocken und kühl (ca. 10 °C) lagern; so überstehen sie die lichtarme Zeit am besten.

Weitere Arten: *O. tetraphylla* – der vierblättrige Glücksbringer für die Silvesterparty, typisch sind die braunroten Flecken auf den Blättern; *O. triangularis* – dunkelrote, große Blätter mit weißen Blüten.

Pachira
(Pachira aquatica, Syn.: P. macrocarpa)

30–70 cm

Bei der Wohnungsbegrünung geht es nicht um den grünen Daumen, sondern darum, eine pflegeleichte Pflanze zu finden. Zum Beispiel diese.

Wuchs: Verdickter Stamm, der Wasser speichert.

Blätter: Handförmig geteilt, spitz zulaufend, 10–20 cm lang, dunkelgrün.

Standort: Hell, auch sonnig oder etwas schattig, luftfeucht.

Pflege: Nur wenig gießen, bei kaltem (12 °C) Platz im Winter selten; von April bis August einmal im Monat düngen.

Tipps: Große Pflanzen können zurückgeschnitten werden. Im Frühjahr umtopfen.

Madagaskarpalme
(Pachypodium lamerei)

↑ 15–80 cm

Ein sukkulenter Baum für alle, die es extravagant und raffiniert mögen, und für die Sonnenplätze am Fenster.

Wuchs: Keulenartig verdickter Stamm, stark bedornt; alte Pflanzen bilden weiße, duftende Blüten, die in kleinen Trugdolden stehen.

Blätter: Linealisch, schopfartig am Ende des Triebes, 25–40 cm lang, dunkelgrün.

Standort: Sonnig, sehr hell, warm und trocken.

Pflege: Nur wenig gießen, während der Ruhephase im Winter fast trocken halten.

Pflanzenschutz: Blattfall und Wurzelfäule durch Nässe und Kälte.

Tipps: Die unteren Blätter werden abgeworfen; dies ist arttypisch!

Gelbe Dickähre
(Pachystachys lutea)

↑ 25–40 cm

Hübscher kleiner Busch, der weniger durch seine weiße Blüten als durch die gelben Deckblätter auf sich aufmerksam macht.

Wuchs: Straff aufrecht, strauchig, breit lanzettliche Blätter, dunkelgrün, matt, etwa 10 cm lang.

Blüte: Lippenförmig, weiß, 2 cm lang, zwischen gelben Deckblättern, die eine Ähre bilden, Blütenstand über dem Laub; März bis Oktober.

Standort: Hell, luftig, hohe Luftfeuchtigkeit.

Pflege: Mäßig gießen; von April bis August alle drei Wochen schwach dosiert düngen; im Winter trockener halten, gelegentlich besprühen.

Pflanzenschutz: Schildläuse durch zu trockene Heizungsluft.

Tipps: Im Frühling kräftig zurückschneiden.

Schraubenbaum
(Pandanus veitchii)

↑ 30–150 cm

Dieser Baum entwickelt seinen Charme erst, wenn er in die Höhe gewachsen ist und sich die Stelzwurzeln ausbilden.

Wuchs: Aufrechter Stamm, im Alter Stelzwurzeln.

Blätter: Schraubenförmig um den Stamm angeordnet, linealisch, bis 60 cm lang, ca. 6 cm breit, dunkelgrün mit weißen Streifen, stachelige Ränder.

Standort: Sonnig, hell, vor praller Mittagssonne im Sommer geschützt; ganzjährig warm, nicht unter 18 °C, hohe Luftfeuchte.

Pflege: Regelmäßig gießen, im Winter sparsamer; von März bis August wöchentlich düngen.

Tipps: Wegen der stacheligen Blattränder sollte man die Pflanzen nicht in engen Durchgängen platzieren.

Passionsblume
(Passiflora caerulea)

50–150 cm

Raffinierte Blüten schmücken die langen Ranken, die meist um einen Drahtbogen gezogen werden.

Wuchs: Rankend mit dünnen, krautigen Trieben.

Blüte: Rund, schalenförmig, weißer Strahlenkranz, dreiteilige Narbe und blau-weiße Blütenbodenfäden, Juni bis September, im Herbst orange Beerenfrüchte.

Standort: Sonnig, hell, luftig, warm, im Winter auch kühler.

Pflege: Reichlich gießen, im Winter dagegen sparsam; von März bis August wöchentlich düngen.

Pflanzenschutz: Spinnmilben durch zu warmen Standort im Winter.

Tipps: Bei kühlem Winterquartier fallen die Blätter ab; Neuaustrieb im Frühling.

Weitere Art: *P. × violacea* – dunklere Blüten, für warme Plätze.

Edelpelargonie
(Pelargonium-Grandiflorum-Hybriden)

20–50 cm

Problemlos schmückt der Balkonfavorit auch sonnige Fensterbänke mit seinen farbenprächtigen Blüten.

Wuchs: Aufrecht, buschig mit fleischigem Stängel, gestielte, handförmige Blätter.

Blüte: Unregelmäßig, Durchmesser 4–5 cm, in Dolden, April bis Juni.

Standort: Sonnig, hell, luftig, im Winter kühl (ca. 10–12 °C).

Pflege: Mäßig gießen, Wurzelballen darf abtrocknen, im Winter selten gießen; von März bis August wöchentlich düngen.

Pflanzenschutz: Feuchtigkeit fördert Pilzkrankheiten; an warmen Plätzen Weiße Fliege und Blattläuse.

Tipps: Stecklinge werden im Sommer bewurzelt und entspitzt, damit die Pflanzen buschig wachsen.

Knopffarn, Pellefarn
(Pellaea rotundifolia)

20–30 cm

Knuffiger, kleiner Farn, der nicht nur untypisch aussieht, sondern es im Vergleich zu anderen Farnen eher trocken mag.

Wuchs: Buschige Horste, überhängend.

Blätter: Rundlich, grün, 2–3 cm lang, in überhängenden Wedeln von 20–30 cm Länge.

Standort: Hell bis halbschattig bei Zimmertemperatur, im Winter gerne kühler (15 °C).

Pflege: Mäßig gießen, Staunässe vermeiden; von März bis August alle 14 Tage düngen, Wedel nicht besprühen.

Tipps: Größere Pflanzen kann man problemlos teilen.

Pentas
(Pentas lanceolata)

☀–◑ ⬆ 20–60 cm

Mit ihren dichten Blütendolden tanzt die hübsche Blütenpflanze in der zweiten Jahreshälfte gerne über die Tische.
Wuchs: Buschig verzweigt, moderne Sorten wachsen kompakt, sonst wird das Wachstum mit Hemmstoffen gezügelt; elliptisch, behaart, 5–15 cm lang.
Blüte: Röhrenförmig, 3 cm lang, in kugeligen Trugdolden, in Rosa, Weiß, September bis Januar.
Standort: Sonnig-hell, im Winter mäßig warm (15 °C), im Sommer warm.
Pflege: Regelmäßig mit zimmerwarmem, entkalktem Wasser gießen, Staunässe vermeiden; alle zwei Wochen schwach dosiert düngen; nach der Blüte bis zum Neuaustrieb trocken halten.
Pflanzenschutz: Gelbe Blätter durch kalte, nasse »Füße«.
Tipps: Neuaustrieb zwei bis drei Mal stutzen.

Zwergpfeffer, Peperomie
(Peperomia caperata)

○–◑ ⬆ 15–25 cm

Klein, vielgestaltig und pflegeleicht – so machen Zimmerpflanzen Spaß.
Wuchs: Dichte, gedrungene Horste mit fadenartigen Blütenähren über dem Blattwerk.
Blätter: Herzförmig, gestielt, immergrün, runzelig, 2–6 cm lang.
Standort: Hell bis halbschattig, warm.
Pflege: Mäßig gießen, im Winter selten; von April bis September alle drei Wochen düngen.
Pflanzenschutz: Fäulnis und Blattfall durch zu viel Feuchtigkeit; ansonsten sehr gesund.
Tipps: Peperomien vertragen problemlos trockene Heizungsluft.

Weitere Arten: *P. griseoargentea* – silbergrünes Laub; *P. obtusifolia* – grüne oder gelb marmorierte Blätter, buschiger Wuchs, viele Sorten, für helle Plätze; *P. rotundifolia* – kleine runde Blätter an fadenförmigen Trieben, die überhängen, wirkt zierlich.

Baumfreund
(Philodendron erubescens)

○–◑ ⬆ 50–200 cm

Mit dem Baumfreund macht sich sofort ein gewisses Dschungel-Feeling in der Wohnung breit.
Wuchs: Kletternde Triebe.
Blätter: Pfeilförmig, glänzend grün, Unterseite rötlich, 20–40 cm lang, Deckblätter und junges Laub rötlich.
Standort: Hell bis halbschattig, warm (auch der Boden), luftfeucht.
Pflege: Leicht feucht halten; von März bis August alle zwei Wochen düngen.
Pflanzenschutz: Schildläuse und Thripse durch zu trockene Luft, Wurzelfäule durch Staunässe und Kälte.
Tipps: Blätter öfter abwischen, kein Blattglanzspray verwenden, Triebe an einem Kletterstab befestigen.

Sorten: 'Red Emerald' – rote Stiele.
Weitere Art: *P. scandens* – Kletterpflanze mit herzförmigen, eher kleinen Blättern.

Kanonierblume
(Pilea cardierei)

15–20 cm

Die kleinen Blattpolster füllen Lücken in Schalen und schmücken die Ballen von Hochstämmchen.

Wuchs: Aufrecht, dichte Horste mit unscheinbaren Blüten.

Blätter: Spitz eiförmig, dunkelgrün mit silberweißen Flecken zwischen den großen Blattadern, 6–10 cm lang.

Standort: Hell, halbschattig, warm.

Pflege: Mäßig gießen, im Winter nur wenig; von März bis August einmal pro Woche düngen; Blätter nicht mit Wasser benetzen, indirekt die Luftfeuchtigkeit erhöhen.

Pflanzenschutz: Spinnmilben bei zu trockener, warmer Luft.

Tipps: Leicht durch Kopfstecklinge zu vermehren.

Weitere Art: *P. microphylla* – 10–15 cm groß; sehr kleine Blättchen an fleischigen Stängeln.

Geweihfarn
(Platycerium bifurcatum)

50–100 cm

Dieser Farn wirkt mit seinen markanten Blättern und den braunen Nischenblättern wie ein grüner Dinosaurier.

Wuchs: Bogig überhängend, wächst als Epiphyt auf Bäumen.

Blätter: Groß, gefingert wie ein Elchgeweih, graugrün, bis 90 cm lang; am Grund hellgrüne, später braune rundliche Nischenblätter.

Standort: Hell bis halbschattig, warm.

Pflege: Mit weichem, zimmerwarmem Wasser gießen; von April bis August ganz schwach dosiert düngen.

Pflanzenschutz: Schildläuse bei zu trockener Luft.

Tipps: Statt zu gießen, taucht man die Pflanze besser einmal in der Woche. Die braunen Nischenblätter nicht entfernen, ebenso wenig die wie Staub wirkenden Härchen auf den grünen Blättern.

Zimmerbambus
(Pogonatherum paniceum)

20–40 cm

Das frische, raschelnde Grün steigert die Motivation und sorgt für gute Laune. Feng-Shui lässt grüssen.

Wuchs: Buschiger Horst aus dünnen, reich beblätterten Trieben, je nach Sorte mit kompaktem oder lockerem Wuchs.

Blätter: Linealisch, immergrün, etwa 4–7 cm lang.

Standort: Sonnig oder hell, warm.

Pflege: Regelmäßig gießen – der Ballen darf nicht austrocknen – und sprühen; von März bis August alle zwei Wochen düngen.

Tipps: Setzen Sie die Pflanzen von Anfang an in Tongranulat. So haben die Wurzeln immer einen angemessenen Wasservorrat, stehen aber gleichzeitig nicht im Wasser.

Gewöhnliche Primel
(Primula acaulis)

5–10 cm

Die bunten Blüten lassen der Winterdepression keine Chance und verkünden den ersten Hauch von Frühling.
Wuchs: Rosettenförmig mit länglich elliptischen, grünen Blättern.
Blüte: Rundlich, 3–4 cm, weiß, rosa, rot, orange, violett, auch zweifarbig, gestielt, teilweise auch in Dolden; Januar bis März.
Standort: Hell, kühl.
Pflege: Regelmäßig gießen, Ballen nicht austrocknen lassen; nachts an einen kühlen Platz stellen, damit die Blüten länger halten.
Pflanzenschutz: Blattläuse bei zu warmem Standort.
Tipps: Mit diesen Primeln kann man auch schrille Farbkombinationen ausprobieren, zum Beispiel Orangerot und sattes Pink.

Becherprimel
(Primula obconica)

15–30 cm

Zeitlose Blütenpflanze, die es das ganze Jahr blühend zu kaufen gibt.
Wuchs: Rosettenförmig, grundständige, rundliche, gestielte Blätter, hellgrün, 6–10 cm lang.
Blüte: Rund, 3–5 cm, weiß, rosa, rot, in endständigen Dolden; ganzjährig.
Standort: Hell, aber kühl.
Pflege: Regelmäßig gießen, Staunässe vermeiden; während der Blüte alle zwei Wochen schwach dosiert düngen.
Pflanzenschutz: Blattläuse, wenn der Standort nicht optimal ist.
Tipps: Für eine Primel verträgt diese Art relativ viel Wärme. Sie lässt sich kühl überwintern.

Saumfarn
(Pteris cretica)

20–50 cm

Locker wachsender Farn mit ausdrucksvoll gezeichneten Blättern.
Wuchs: Aufrecht bis überhängend, in Horsten.
Blätter: Unpaarig gefiedert, grün, bis 30 cm lang, mit cremefarbener Zeichnung, an schwarzen, drahtigen Stielen.
Standort: Halbschattig bis schattig, warm, im Winter auch kühler, bei hoher Luftfeuchtigkeit.
Pflege: Regelmäßig mit weichem Wasser gießen; von April bis August schwach dosiert düngen; Blätter immer wieder besprühen, Zugluft vermeiden.
Pflanzenschutz: Blatt- und Schildläuse bei zu geringer Luftfeuchtigkeit.
Tipps: Grüne Formen vertragen im Winter mehr Kälte.

Zimmeresche, Radermachera
(Radermachera sinica)

⬆ 50–150 cm

Ein Senkrechtstarter: Erst seit wenigen Jahrzehnten ist dieser Baum bekannt, doch schon gehört er zum Standard im Sortiment.
Wuchs: Aufrecht, baumförmig, Zweige in Etagen abstehend.
Blätter: Elliptisch, doppelt unpaarig gefiedert, glänzend grün, bis 1 m lang, Einzelblättchen etwa 5 cm lang.
Standort: Hell, luftig, im Sommer warm, im Winter bei 15 °C.
Pflege: Regelmäßig gießen, Staunässe vermeiden; von März bis August einmal im Monat düngen.
Pflanzenschutz: Trocknet der Ballen aus, fallen die Blätter ab.
Tipps: Das Licht sollte von allen Seiten gleichmäßig kommen, damit der Baum gerade und regelmäßig wächst. Bei Bedarf den Topf also immer wieder drehen.

Zimmerazalee
(Rhododendron-Simsii-Hybriden)

⬆ 20–80 cm

Als Mini, Strauch, Busch oder Hochstamm bekommt man Azaleen vom Spätherbst bis zum Frühling.
Wuchs: Buschig verholzend, kleine elliptische dunkelgrüne Blätter.
Blüte: Trichterförmig, 5–6 cm groß, in Doldentrauben über dem Laub, rosa, weiß, rot; Dezember bis Juni.
Standort: Hell, kühl im Herbst/ Winter maximal bei 12 °C, luftig.
Pflege: Mit weichem Wasser gießen, besser tauchen, trocknet leicht aus – verträgt weder Trockenheit noch Staunässe; im Sommer mit Rhododendron-Dünger 14-täglich düngen.
Pflanzenschutz: Spinnmilben bei Wärme und trockener Luft; verkrüppelte Blätter durch Weichhautmilben.
Tipps: An einem schattigen Platz können Azaleen den Sommer im Garten, auf Balkon oder Terrasse verbringen.

Topfrose
(Rosa chinensis)

⬆ 10–30 cm

Die Zwergformen der Freilandschönheiten bringen etwas Gartenflair ins Zimmer. Ganz easy zu halten sind die Grazien aber nicht.
Wuchs: Buschig mit kleinen, ovalen, unpaarig gefiederten Blättchen, glänzend.
Blüte: Schalenförmig, meist gefüllt, 2–4 cm groß, weiß, gelb, rot, rosa; April bis September.
Standort: Sonnig, hell, luftig, keine pralle Mittagssonne im Sommer.
Pflege: Regelmäßig gießen, im Sommer wöchentlich düngen; welke Blüten ausputzen.
Pflanzenschutz: Blattläuse, Spinnmilben, Mehltau bei schlechter Lichtsituation und stickiger Luft.
Tipps: Pflanzen in Tongranulat setzen, damit der Ballen nicht so schnell austrocknet. Im Winter kühl stellen, dabei ist Laubfall möglich.

Usambaraveilchen
(Saintpaulia-Ionantha-Hybriden)

✿ ○–◑ ⬆5–15 cm

Ein Klassiker für das Zimmer. Die Pflanzen blühen unermüdlich und sind recht robust.
Wuchs: Rosette aus gestielten rundlichen Blättern, samtig weich behaart, dunkelgrün, Unterseite heller.
Blüte: Flach schalenförmig, blau, rosa, weiß, gelbe Staubbeutel; ganzjährig.
Standort: Hell bis halbschattig, keine direkte Sonne, warm.
Pflege: Regelmäßig mit weichem Wasser gießen, Luftfeuchtigkeit indirekt erhöhen (Blätter nicht benetzen); im Frühjahr und Sommer schwach dosiert wöchentlich düngen.
Pflanzenschutz: Woll- und Blattläuse bei zu trockener Luft, Thripse und Grauschimmel durch anhaltende Nässe.
Tipps: Immer nur von unten gießen, da die Blätter und das Rhizom bei Nässe faulen.

Bogenhanf, Sansevierie
(Sansevieria trifasciata)

☼–◑ ⬆40–100 cm

Dieser robuste Blattschmuck darf nicht fehlen, wenn 50er Jahre und Retro-Look den Stil bestimmen.
Wuchs: Aufrecht, die Blätter treiben aus Rhizomen.
Blätter: Schwertförmig, fleischig verdickt, dunkelgrün marmoriert, gelbe oder silbrige Ränder.
Standort: Sonnig bis halbschattig, warm.
Pflege: Wenig gießen; von März bis August ein bis zwei Mal im Monat mit Kakteendünger verwöhnen.
Tipps: Der Bogenhanf erweist sich mit seinem straff aufrechten Wuchs als platzsparend und sogar als Raumteiler, wenn man mehrere große Exemplare nebeneinander stellt.

Sorten: 'Hahnii' – grüne Rosette, niedrig; 'Laurentii' – gelbe Längsstreifen; 'Silver Hahnii' – silbrige Streifen, niedrig.

Hänge-Steinbrech, Judenbart
(Saxifraga stolonifera)

○–◑ ⬆10–40 cm

Hübsche Ampelpflanze, die relativ anspruchslos und pflegeleicht ist.
Wuchs: Dichte Blatthorste, fadenförmige Ausläufer mit Kindeln an den Enden, kleine weiße Blüten von Mai bis August.
Blätter: Nierenförmig, gestielt, behaart, olivgrün, mit rötlicher Unterseite.
Standort: Hell bis halbschattig, luftig, kühl.
Pflege: Selten gießen; von März bis August alle 14 Tage düngen.
Pflanzenschutz: Blattläuse bei zu warmem Standort.
Tipps: Kindel kann man in Erde stecken, sie wurzeln rasch.

Strahlenaralie
(Schefflera arboricola)

50–200 cm

Munter wächst der Zimmerbaum in die Höhe und erfüllt auch Anfänger mit Stolz über den sichtbaren Erfolg.

Wuchs: Aufrechter Baum, etwas sparrig, etagenartig verzweigt.

Blätter: Handförmig, 9- bis 15-zählig gefingert, glänzend, ledrig, gestielt, bis 25 cm groß.

Standort: Hell bis halbschattig, keine direkte Sonne, warm.

Pflege: Nur leicht feucht halten, Pflanze öfter besprühen; von März bis August alle 14 Tage düngen; im Winter kühler stellen: panaschierte Sorten etwa 18 °C warm, grüne etwas (ca. 14 °C) kühler.

Pflanzenschutz: Schildläuse bei zu warmem Winterstandort.

Tipps: Für einen kompakten Wuchs entspitzt man die Pflanzen regelmäßig.

Sorten: 'Compacta' – kompakter Wuchs; 'Gold Capella' – gelbe Flecken in der Blattmitte, 'Soleil' – gelbe Blätter mit grünen Flecken.

Fingeraralie
(Schefflera elegantissima, Syn.: Dizygotheca elegantissima)

25–140 cm

Die feinen Blätter schenken der Pflanze eine elegante Transparenz. Idealer Zimmerbaum für kleine Räume.

Wuchs: Strauchig, mehrstämmig, sparrig, etagenförmig.

Blätter: Handförmig, olivgrün, 7- bis 11-zählig gefingert, fein geschlitzt, 15 bis 30 cm groß.

Standort: Hell bis halbschattig, keine direkte Sonne, luftfeucht.

Pflege: Mit weichem Wasser feucht halten, keine Staunässe, keine Trockenheit; alle 14 Tage düngen (von März bis August).

Pflanzenschutz: Spinnmilben und Schildläuse durch schlechte Lichtbedingungen im Winter und zu trockene Luft.

Tipps: Mit Pflanzenbeleuchtung ist die Fingeraralie auch für dunklere Ecken ein dekoratives Gestaltungselement.

Herzblatt
(Scindapsus pictus)

50–200 cm

Die klare Form der Blätter macht das Herzblatt zu einer Ampelpflanze, die nicht nur Romantiker willkommen heißen.

Wuchs: Kriechend, kletternd oder hängend, bildet Haftwurzeln.

Blätter: Herzförmig, dunkelgrün gepunktet, gestielt, bis 15 cm lang.

Standort: Halbschattig, warm bei hoher Luftfeuchtigkeit.

Pflege: Gleichmäßig feucht halten; von März bis August alle 14 Tage düngen.

Pflanzenschutz: Schildläuse bei trockener Heizungsluft.

Tipps: Kopfstecklinge bewurzeln bei hoher Bodentemperatur (25 °C).

Sorten: 'Argyraeus' – silbrige Flecken auf den Blättern, häufige Sorte.

Simse, Frauenhaar
(Scirpus cernuus)

↑ 10–25 cm

Eine ideale Badezimmerpflanze, die gerne eine Dusche nimmt.
Wuchs: Aufrecht, später überhängend, in Horsten.
Blätter: Fadendünne Halme, hellgrün, glatt, rund, bis 30 cm lang.
Standort: Halbschattig, feucht, warm.
Pflege: Immer feucht halten, allerdings nicht den ganzen Ballen ins Wasser stellen, im Sommer alle zwei Wochen düngen.
Pflanzenschutz: Blattläuse bei schlechten Standortbedingungen.
Tipps: Beim Umtopfen das Substrat mit einem Viertel Sand vermischen, um den Wasserabzug zu gewährleisten.

Helmkraut
(Scutellaria costaricana)

↑ 25–70 cm

Exotische Raffinesse macht sich mit den orangeroten Lippenblüten breit.
Wuchs: Strauchig, aufrecht, verzweigt, bleibt durch Hemmstoffe kompakt.
Blüte: Lippenförmig, orangerot, in dichten Ähren, endständig; Mai bis Juli.
Standort: Hell und luftig, keine pralle Sonne, warm; Boden- und Lufttemperatur sollten sich entsprechen, für ausreichende Luftfeuchtigkeit sorgen.
Pflege: Mäßig feucht halten, von März bis August schwach dosiert düngen.
Pflanzenschutz: Spinnmilben durch zu trockene Luft.
Tipps: Stehen die Pflanzen zu dunkel, wird der Wuchs sehr sparrig und langtriebig.

Fetthenne
(Sedum morganianum)

↑ 10–30 cm

Die bizarren, fleischigen Triebe hängen senkrecht nach unten und wirken wie ein kleines Kunstwerk.
Wuchs: Kriechend, hängend, mit fleischigen (sukkulenten) Blättern.
Blätter: Rundlich zugespitzt, blaugrün, etwa 1 cm lang, dicht an dicht an den Trieben.
Standort: Sonnig oder hell, im Winter kühl.
Pflege: Mäßig gießen, im Winter selten; auf Dünger am besten verzichten.
Pflanzenschutz: Fäulnis durch zu nasse Erde.
Tipps: Lässt sich durch Triebstecklinge leicht vermehren. Zum Umtopfen Kakteenerde verwenden.

Weitere Art: *S. sieboldii* – runde, blaugrüne Blätter, flach, mit gelber Mitte, sparriger im Wuchs.

Moosfarn, Mooskraut
(Selaginella apoda)

5–10 cm

Kompakte grüne Polster, die man für moderne Tischdekorationen sehr gut verwenden kann.

Wuchs: In dichten Matten.

Blätter: Schuppenförmig, hellgrün unregelmäßig verzweigt, immergrün.

Standort: Halbschattig bis schattig, kühl.

Pflege: Immer leicht feucht halten, nur von unten gießen.

Tipps: In einem sandigen Substrat kultivieren. Hübsch für peppige Tischdekorationen.

Weitere Art: *S. kraussiana* – 15–20 cm hoch, dunkelgrün; *S. lepidophylla* – fälschlich als Rose von Jericho angeboten, rollt sich in Trockenzeiten zusammen, wenn sie mit Wasser benetzt wird, öffnet sie sich wie durch Wunderhand, wird grün und bildet Wurzeln.

Kreuzkraut, Cinerarie
(Senecio-Cruentus-Hybriden, Syn.: *Pericallis × hybrida)*

30–45 cm

Die farbenfrohen Blüten wirken wie echte Muntermacher. Zum Glück gibt es schon im März die ersten Pflanzen.

Wuchs: Buschig, herzförmige Blätter mit gezähntem Rand, etwa 10 cm lang, grün, meist von den Blüten verdeckt.

Blüte: Tellerförmig, mit zungenförmigen Einzelblüten, in dichten Doldentrauben, rosa, weiß, blau, pink, zum Teil zweifarbig.

Standort: Sonnig oder hell, luftig, kühl, 16–18 °C.

Pflege: Viel gießen, Luftfeuchtigkeit indirekt erhöhen; zu Beginn der Blütezeit zwei Mal im Abstand von zwei Wochen düngen.

Pflanzenschutz: Blattläuse bei zu trockener Luft.

Tipps: Die Pflanzen werden meist als Wegwerfpflanze gezogen, obwohl sie eigentlich mehrjährig sind.

Gloxinie
(Sinningia-Hybriden)

20–30 cm

Nostalgischer Charme mit gerüschten, etwas überdimensionalen Blüten.

Wuchs: Rosettenförmig, mit langen, eiförmigen Blättern, filzig weich.

Blüte: Becherförmig aufgerichtete Glocken mit gerüschtem zurückgeschlagenem Rand, 4–6 cm groß, rosa, weiß, lila, auch gefüllt; Juni bis August.

Standort: Hell, nicht sonnig, warm, luftfeucht.

Pflege: Regelmäßig mit weichem Wasser gießen; anfangs zwei Mal im Abstand von zwei Wochen düngen, die Luftfeuchtigkeit indirekt erhöhen.

Pflanzenschutz: Bei zu trockener Luft rollen sich die Blätter ein und Blattläuse treten auf.

Tipps: Beim Einkauf darauf achten, dass die Pflanze zahlreiche Knospen im Blattwerk versteckt.

Bubiköpfchen
(Soleirolia soleirolii)

⬆ 5–10 cm

Die dichten grünen Matten wirken wie die Pilzköpfe der Beatles und lassen sich beliebig formen.

Wuchs: Dichte, flache Polster, die sich gerne zu Matten ausbreiten; Blüten unscheinbar, selten.

Blätter: Rundlich, etwa 4 mm groß, an glasigen Trieben, immergrün.

Standort: Halbschattig, warm, luftfeucht.

Pflege: Regelmäßig gießen; bei niedrigen Temperaturen weniger gießen, aber nicht austrocknen lassen; von März bis August alle vier Wochen düngen.

Tipps: Mit dem Bubiköpfchen lassen sich nette kleine Hingucker gestalten. Ideen dazu finden Sie auf Seite 42.

Buntnessel
(Solenostemon Scutellarioides,
Syn.: *Coleus*-Blumei-Hybriden)

⬆ 20–40 cm

Ihr Revival hat erst vor kurzem begonnen, und es kommen immer neue Typen in modischen Blattmustern hinzu.

Wuchs: Aufrecht, buschig verzweigt, blassblaue Lippenblüten im Sommer.

Blätter: Herzförmig, 5–8 cm lang, zum Teil gewellte, gezahnte Ränder, verschiedene Grün-, Braun- und Rottöne, auch Schwarzrot.

Standort: Sonnig, hell bis schattig; mitunter verliert sich die Färbung, wenn der Standort zu dunkel ist; luftig, im Winter nicht kälter als 8 °C.

Pflege: Reichlich gießen, im Winter nur wenig; von März bis August alle zwei Wochen düngen. Blütenstände entfernen.

Pflanzenschutz: Spinnmilben und Weiße Fliege bei zu warmem Winterplatz.

Tipps: Durch regelmäßigen Rückschnitt regt man den frischen Austrieb an.

Zimmerlinde
(Sparrmannia africana)

⬆ 100–250 cm

Eine grüne Klimaanlage: Der Zimmerbaum erhöht die Luftfeuchtigkeit, braucht aber auch eine ganze Menge Platz.

Wuchs: Breit aufrecht, buschig verzweigt, starkwüchsig; im Winter kleine weiße Blüten an älteren Exemplaren.

Blätter: Herzförmig gebuchtet, am, Rand gesägt, weich behaart, hellgrün, Durchmesser bis 30 cm, an kräftigen Stielen.

Standort: Hell, nicht sonnig, luftig.

Pflege: Reichlich gießen, vor allem im Sommer; von März bis August wöchentlich düngen, im Winter nur alle zwei Monate.

Pflanzenschutz: Spinnmilben und Thripse bei schlechter Belüftung; Weiße Fliege bei trockener Luft.

Tipps: Die Pflanzen vertragen ohne weiteres einen kräftigen Rückschnitt. Ein guter Zeitpunkt dafür ist der Frühling, wenn das Wachstum wieder einsetzt.

Einblatt
(Spathiphyllum wallisii)

40–70 cm

Eine recht anspruchslose Schönheit, mit der auch nachlässige Zimmergärtner auf einen grünen Zweig kommen.

Wuchs: Aufrechte Horste mit lang gestielten, überhängenden Blättern, frischgrün.

Blüte: Cremefarbene Kolben an langen Stielen, umhüllt von einem weißen Hochblatt; Juni bis September.

Standort: Hell bis schattig, warm, luftfeucht, im Winter gerne etwas kühler.

Pflege: Regelmäßig gießen, in der Ruhephase von Oktober bis Januar die Wassergaben einschränken; in der Wachstumszeit alle zwei Wochen schwach dosiert düngen.

Pflanzenschutz: Spinnmilben bei zu trockener Luft.

Tipps: Die Pflanze enthält haut- und schleimhautreizende Stoffe.

Weitere Art: *S. floribundum* – etwas kleiner im Wuchs, Hochblätter grün mit Weiß.

Kranzschlinge
(Stephanotis floribunda)

60–300 cm

Mit den weißen Blüten der am Drahtbogen gezogenen Schlingpflanze wird jedes Raumspray überflüssig: Sie duften herrlich.

Wuchs: Schlingend, kräftige Triebe; eiförmige, dunkelgrün glänzende Blätter mit markanter Mittelrippe.

Blüte: Sternförmig mit 2–3 cm langer Röhre, in Scheindolden, intensiv duftend; Juni bis September.

Standort: Hell und luftig, im Sommer warm (20–25 °C), im Winter sind 12–14 °C ideal.

Pflege: Reichlich gießen, nicht austrocknen lassen, im Herbst und Winter weniger, von März bis August wöchentlich düngen.

Pflanzenschutz: Spinnmilben und Schildläuse bei zu warmem Platz im Winter.

Tipps: Da sie im Winter nicht blüht, ist ein Platz am Schlafzimmerfenster ideal.

Paradiesvogelblume
(Strelitzia reginae)

80–150 cm

Die Blüten zaubern tropische Träume in die Wohnung. Aber es geht nicht lange gut, wenn man keine grünen Daumen und keinen optimalen Platz hat.

Wuchs: Rhizom mit aufrechten Horsten, Blätter lang gestielt, blaugrün, bis 100 cm lang und 30 cm breit.

Blüte: Lilablau mit orangefarbenen Hüllblättern, lang gestielt; Februar bis August.

Standort: Sonnig oder hell, ganzjährig warm, luftig.

Pflege: Reichlich gießen und im Sommer wöchentlich düngen.

Pflanzenschutz: Bei zu trockener Luft treten Schildläuse auf.

Tipps: Da die Pflanzen teuer und nicht ganz einfach in der Kultur sind, sollte man die Entscheidung nicht überstürzen. Schließlich gibt es die raffinierten Blüten auch im Blumenladen.

Drehfrucht
(Streptocarpus-Hybriden)

○–◑ ⬆ 20–40 cm

Über viele Jahre erfreut ein Exemplar und manchmal lebt sie auch nach dem Motto: Es wird durchgeblüht.

Wuchs: Blattrosette aus breit lanzettlichem Laub, rau behaart, frischgrün, bis 30 cm lang.

Blüte: Spiegelsymmetrische Trichter, 3–5 cm breit, in lang gestielten Trugdolden, blau, weiß, rosa, rot; April bis Oktober.

Standort: Hell bis halbschattig, warm bei hoher Luftfeuchtigkeit.

Pflege: Gleichmäßig feucht halten, im Winter etwas weniger gießen; während der Blüte alle 14 Tage schwach dosiert düngen; die Wurzeln sind salzempfindlich.

Pflanzenschutz: Spinnmilben und Blattläuse bei zu geringer Luftfeuchtigkeit.

Tipps: Welke Blütenstiele zupft man regelmäßig aus.

Purpurtute
(Syngonium podophyllum)

○–◑ ⬆ 60–200 cm

Mit Haftwurzeln klettern die Triebe an Moosstäben hoch. So entstehen schlanke Eckenfüller.

Wuchs: Kletternd, mit Haftwurzeln.

Blätter: Pfeilförmig, hellgrün, bis 30 cm lang, grün.

Standort: Hell bis halbschattig, keine direkte Sonne; warm bei hoher Luftfeuchtigkeit.

Pflege: Regelmäßig gießen, der Ballen darf gelegentlich abtrocknen; von März bis August 14-täglich düngen; Blätter besprühen und im Winter öfter abwischen.

Pflanzenschutz: Schildläuse bei zu trockener Luft.

Tipps: Die Pflanze enthält haut- und schleimhautreizende Stoffe.

Sorten: 'Green Gold' – grün mit cremefarbenen Adern; 'White Butterfly' – grüne Blätter, die zur Mitte weiß überhaucht sind, Adern weißlich; 'Arrow' – grüne Blätter mit breiten, klar begrenzten weißen Adern.

Kastanienwein
(Tetrastigma voinierianum)

○–◑ ⬆ 70–300 cm

Ein robuster grüner Eroberer, der zu den Lianen zählt.

Wuchs: Rankpflanze, verholzend, starkwüchsig.

Blätter: Handförmig gelappt, 5-teilig, am Rand gezähnt, dunkelgrün.

Standort: Hell bis halbschattig, warm, im Winter auch kühler, bei ca. 12–15 °C.

Pflege: Je größer die Pflanze, desto mehr Wasser braucht sie; im Winter weniger gießen; von März bis August wöchentlich düngen.

Tipps: Mit einem dekorativen Spalier und dem Kastanienwein kann man einen grünen Paravent im Zimmer aufstellen und so den Raum in verschiedene Bereiche unterteilen.

Tillandsie
(Tillandsia cyanea)

○ 30–45 cm

Ihre lilarosa geheimnisvollen Blüten öffnet das Bromeliengewächs im Winterhalbjahr.
Wuchs: Rosettenpflanze, die epiphytisch, also auch ohne Erde, wächst; lange grüne Blätter, die Wasser aufnehmen können.
Blüte: Rund, 3-zählig, violett, erscheint zwischen den Deckblättern des schwertförmigen Blütenstandes; September bis März.
Standort: Hell, nicht sonnig, ganzjährig warm.
Pflege: Regelmäßiges Besprühen mit kalkfreiem Wasser macht das Gießen überflüssig.
Tipps: Zum Pflanzen im Topf verwendet man statt Erde eine Mischung aus Nadelstreu und *Sphagnum*-Moos (gibt's im Blumenladen), die immer feucht gehalten werden sollte.

Henne-mit-Küken
(Tolmiea menziesii)

○–◑ 20–30 cm

Jugend forscht – und deshalb eignet sich diese Ampelpflanze, die an jedem Blatt Nachwuchs bildet, besonders für die Fensterbank im Kinderzimmer.
Wuchs: Bodenbedeckend mit Ausläufern; unscheinbare Blüten.
Blätter: Herzförmig, gezähnter Rand, weich behaart, lang gestielt, grün mit gelben Flecken.
Standort: Hell bis halbschattig, luftig, im Winter kühl bei 5–10 °C.
Pflege: Im Sommer reichlich gießen, der Wasserbedarf im Winter ist gering; von März bis August alle 14 Tage düngen.
Tipps: Steckt man die Blätter in die Erde, entwickelt sich in kurzer Zeit eine neue Pflanze.

Dreimasterblume
(Tradescantia fluminensis)

○–◑ 10–15 cm

Anspruchslose Schönheit, die sich in einem hängenden Gefäß rasch zu einer prächtigen Pflanze entwickelt.
Wuchs: Kriechend oder überhängend mit bis zu 50 cm langen Trieben, kleine sternförmige Blüten.
Blätter: Spitz eiförmig, 4–6 cm lang, hellgrün, unterseits meist rötlich.
Standort: Hell bis halbschattig, warm, im Winter auch kühler.
Pflege: Leicht feucht halten, bei kühlem Winterstand nur selten gießen; von März bis August alle zwei Wochen düngen.
Tipps: Triebspitzen bewurzeln in einem Wasserglas schnell und können eingetopft werden. So verjüngt man die Pflanzen.

Sorten: 'Rocheford Silver' – weiß-grün gestreifte Blätter; 'Rocheford' – unregelmäßig weiße Streifen auf den Blättern, rötlich behauchte Triebspitzen; beide Sorten brauchen einen hellen Standort.

Flammendes Schwert, Vriesee

(Vriesea splendens)

○–◑ ⬆ 30–40 cm

Namensgebend für dieses Bromeliengewächs war der flache Blütenstand, der wie eine Schwertklinge geformt ist.

Wuchs: Trichterförmige Rosette, wächst als Epiphyt, das riemenförmige grüne Laub ist rötlich gebändert.

Blüte: Röhrenförmig, 2–3 cm lang, gelb, erscheint zwischen den Deckblättern des Blütenstandes; ganzjährig blühend im Angebot.

Standort: Hell bis halbschattig, warm, luftfeucht.

Pflege: Mit weichem Wasser gießen, auch in den Trichter; Laub besprühen; im Sommer alle zwei Wochen schwach dosiert düngen.

Tipps: Nach der Blüte stirbt die Rosette ab; große Kindel werden eingetopft.

Sorten: 'Charlotte' – gelbroter, verzweigter Blütenstand, 'Margot' – stark verzweigter Blütenstand, lackrot.

Palmlilie, Yuccapalme

(Yucca aloifolia)

☼–○ ⬆ 50–200 cm

Schlank und elegant fügt sich dieser Zimmerbaum in jede Situation ein. Besonders dekorativ sind unterschiedlich lange Stämme zusammen in einem Topf.

Wuchs: Rosettenförmig; im Handel meist als Stamm, der am Ende ein bis zwei Blattrosetten treibt; Blüte ist im Zimmer selten.

Blätter: Straff aufrecht, lanzettlich zugespitzt, matt grün.

Standort: Sonnig hell, warm, im Winter nach Bedarf warm oder bei 5–10 °C.

Pflege: Öfter gießen, im Winter seltener; von März bis August alle drei Wochen düngen.

Tipps: Wenn die Yucca lang und unschön wird, kann man sie abschneiden. Wie das geht, lesen Sie auf Seite 131.

Zimmerkalla

(Zantedeschia-Hybriden)

☼–◑ ⬆ 40–70 cm

Anmutig und elegant, aber dennoch nicht kompliziert in der Pflege.

Wuchs: Knollige Wurzel, lang gestielte, pfeilförmige Blätter, grün mit silbrigen Punkten.

Blüte: Hochblatt mit gelblichem Blütenkolben; Hochblatt rosa, gelb, orange- und weinrot; Juni bis August.

Standort: Sonnig bis halbschattig, vor heißer Mittagssonne schützen; warm, im Winter kühl.

Pflege: Im Sommer reichlich gießen, im Winter wie Gladiolen trocken, kühl und dunkel lagern; vom Frühjahr bis Sommer wöchentlich düngen.

Pflanzenschutz: Spinnmilben und Blattläuse bei winterlicher Wärme.

Tipps: Sommerblühende Kallas kann man im Kübel auf den Balkon stellen.

Weitere Art: *Z. aethiopica* – robuste Art mit großen weißen Blüten, im Unterschied zu den Hybriden mit sommerlicher Ruheperiode, in der weniger gegossen wird.

Palmen

Grüne Zimmerschönheiten voll Eleganz und Exotik

Mit Palmen bekommt der Sitzplatz eine lauschige Atmosphäre.

Sachlich in der Wirkung und harmonisch in der Ausstrahlung – so präsentieren sich Palmen in Wohnräumen. Das ist auch der Grund, weshalb diese stattlichen Grünpflanzen, die alle zur großen Familie der Palmen zählen, sehr beliebt sind.

Hinsichtlich der Blätter dieser einkeimblättrigen Pflanzen gibt es zwei typische Formen: Die **Fächerpalmen** haben kreisrunde Blätter, die vom Rand eingeschnitten sind. Jedes Blatt sitzt an einem kräftigen Stiel. Die **Fiederpalmen** haben lang gestreckte Wedel, an denen sich rechts und links der Hauptrippe Fiederblättchen aufreihen.

Beim typischen Wuchs muss man wissen, dass Palmen im Zimmer »Jungpflanzen« sind und meist nie ihren typischen Habitus entfalten. Ganz eindrucksvoll zeigt sich das bei der Kokospalme (*Cocos nucifera*), die im Zimmer eigentlich nie gefiederte, sondern immer die flächigen Blätter des Jungpflanzenstadiums trägt. Man erkennt nur schwer die Ähnlichkeit mit der ausgewachsenen Form, dem Inbegriff für tropisches Inselflair.

Ihrer Schönheit haben die Palmen einen festen Platz in der Wohnung zu verdanken. Doch man darf nicht übersehen, dass sich nur einige ausgewählte Arten gut für die Wohnung eignen. Vorzugsweise sollten die Palmen einen sehr hellen Platz bekommen. Dabei vertragen nicht alle die pralle Sonne. Außerdem muss man bedenken, dass die Blattflächen sehr groß sind und somit viel Wasser verdunstet. Das heißt, auch wenn der Ballen nur leicht feucht sein darf, muss man häufig gießen. Allerdings muss das Herz der Palme trocken bleiben. In diesem verdickten Spross, aus dem die Blätter wachsen, bildet sich sonst leicht Fäulnis.

Ein besonderes Augenmerk liegt auf der Luftfeuchtigkeit. Einige Palmen kommen mit einem normalen Raumklima klar, andere müssen regelmäßig mit weichem Wasser eingesprüht werden, damit das Klima angenehm luftfeucht ist. Für die Düngung sollte man mineralische Dünger verwenden. Reichert man die Blumenerde mit Ton an, muss man nicht jedes Jahr umtopfen.

Bergpalme
(Chamaedorea elegans)

○–◑ ⬆ 80–100 cm

Da kommt man ins Staunen: Diese Palme blüht schon in jungen Jahren.

Wuchs: Kurzer Stamm mit schirmartigem Schopf der Wedel; hellgelbe Blüten in lockerer Rispe.

Blätter: Lanzettlich, unpaarig gefiedert, hellgrün, immergrün.

Standort: Hell bis halbschattig bei hoher Luftfeuchtigkeit, im Winter kühl.

Pflege: Regelmäßig gießen, sodass der Ballen immer leicht feucht ist, im Winter seltener; häufig besprühen; im Frühjahr und Sommer alle drei Wochen düngen.

Pflanzenschutz: Spinnmilben durch Lufttrockenheit, Wurzelfäule bei zu nasser Erde und Lichtmangel.

Tipps: Macht die Pflanze einen geschwächten Eindruck, sollte man die Blüten entfernen.

Zwergpalme
(Chamaerops humilis)

○–◑ ⬆ 80–100 cm

Die grünen Fächer verheißen Fernweh und Urlaubsgefühle, doch damit sich die Zwergpalme wohl fühlt, muss man für eine hohe Luftfeuchtigkeit sorgen.

Wuchs: Ein- oder mehrstämmig, buschig.

Blätter: Handförmig, lang gestielt, fiederspaltig gefächert, blaugrün, derb.

Standort: Hell bis halbschattig bei feuchter Luft; im Winter kühler (frostfrei) stellen.

Pflege: Regelmäßig gießen, Ballen nicht austrocknen lassen; mit weichem Wasser besprühen; im Sommer alle drei Wochen düngen.

Pflanzenschutz: Spinnmilben und Schildläuse durch sehr trockene Luft.

Tipps: Die Zwergpalme passt sehr gut in ein mediterranes Ambiente. Im Sommer kann man sie auch ins Freie stellen.

Arecapalme, Goldfruchtpalme
(Chrysalidocarpus lutescens)

○–◑ ⬆ 60–250 cm

Anmutig entfaltet sich der grüne Schopf wie ein überdimensionaler Federpuschel.

Wuchs: Mehrstämmig, aufrecht, schirmförmiger Blattschopf; kräftiger Zuwachs.

Blätter: Linealisch bis schwertförmig, kammartig gefiedert, sattgrün, bis zu einem Meter lang.

Standort: Hell bis halbschattig, bei hoher Luftfeuchtigkeit, ganzjährig warm, nicht unter 18 °C.

Pflege: Gleichmäßig feucht halten, für eine hohe Bodentemperatur sorgen, häufig mit kalkarmem Wasser besprühen; von März bis August wöchentlich schwach dosiert düngen.

Pflanzenschutz: Schildläuse bei zu trockener Luft.

Tipps: Ein warmer Sommerregen tut den Pflanzen gut.

Kokospalme
(Cocos nucifera)

☼–○ ⬆ 80–200 cm

Angenehme Leichtigkeit und Südseeträume verbreitet der Stamm mit den Wedeln, die aus der Kokosnuss austreiben.

Wuchs: Aufrechter Stamm, schirmförmiger Schopf (die natürliche Form wird im Zimmer nie erreicht).

Blätter: Unpaarig gefiedert, breit linealisch, immergrün, Einzelblatt 60 bis 90 cm lang; im Jugendstadium sind die Blätter ungeteilt und sehen aus wie ein Papierfächer.

Standort: Sonnig, hell, warm und luftig, im Winter 15 °C.

Pflege: Regelmäßig gießen; Blätter mit weichem Wasser besprühen; von April bis September wöchentlich düngen.

Pflanzenschutz: Spinnmilben treten bei zu trockener Luft auf.

Tipps: Im Winter sollte man eine Pflanzenleuchte anbringen, damit die Kokospalme genügend Licht erhält.

Kentia-Palme
(Howea forsteriana, H. belmoreana)

○–◑ ⬆ 100–200 cm

Robust und widerstandsfähig, stellen diese Palmen keine so hohen Ansprüche an das Raumklima wie andere Arten.

Wuchs: Aufrechter Baum mit schirmförmiger Krone.

Blätter: Unpaarig gefiedert, linealisch, 1–1,5 m lang.

Standort: Hell bis halbschattig, luftig, auch im Winter Temperaturen um 18 °C, im Alter ist ein kühles Winterquartier möglich.

Pflege: Mäßig gießen, dabei darf der Ballen abtrocknen, Staunässe vermeiden; im Frühjahr und Sommer wöchentlich schwach dosiert düngen.

Pflanzenschutz: Staunässe lässt das Herz faulen; Schildläuse und Spinnmilben durch extrem trockene Luft.

Tipps: Die Wedel verstauben leicht. Dagegen hilft ein lauer Sommerregen oder Abbrausen unter der Dusche.

Schirmpalme
(Licuala grandis)

☼–◑ ⬆ 80–200 cm

Die wenig bekannte Schöne: Ihre fast ungeteilten Blätter verbreiten luxuriöse Extravaganz im Raum.

Wuchs: Aufrechter Stamm mit großem Blattschopf.

Blätter: Rundlich, nur kurz eingeschnitten, lang gestielt, Durchmesser 50–100 cm, frischgrün.

Standort: Sonnig, hell bis halbschattig, ganzjährig 20 °C bei hoher Luftfeuchtigkeit.

Pflege: Gleichmäßig feucht halten, nie austrocknen lassen; für ausreichende Luftfeuchtigkeit sorgen; im Frühjahr und Sommer wöchentlich düngen.

Pflanzenschutz: Spinnmilben bei zu trockener Luft.

Tipps: Arrangieren Sie neben der Palme einen Zimmerbrunnen, um die nötige Luftfeuchtigkeit zu erreichen.

Australische Fächerpalme
(Livistona australis)

☼–○ ⬆ 10–300 cm

Nicht häufig zu erhalten, aber für ein sonniges Zimmer durchaus geeignet.
Wuchs: Aufrechter Stamm, breite Krone.
Blätter: Fächerförmig, tief geschlitzt, glänzend, die Enden hängen herunter, Durchmesser bis 150 cm, langer gezähnter Stiel.
Standort: Sonnig, luftig hell, auch im Winter warm.
Pflege: Reichlich gießen; Blätter gelegentlich besprühen; im Frühjahr und Sommer alle zwei Wochen düngen.
Pflanzenschutz: Schildläuse bei zu trockener Luft.
Tipps: Die Fächerpalme kann im Sommer auch im Freien stehen.

Zwerg-Dattelpalme
(Phoenix roebelenii)

☼–○ ⬆ 100–200 cm

Die Schwester der Echten Dattelpalme wächst so langsam, dass man sie gut im Zimmer kultivieren kann.
Wuchs: Aufrechter Stamm, steife, schirmförmige Krone.
Blätter: Unpaarig gefiedert, immergrün, schwertförmige Blattspreite mit dünnen Fiedern, schraubig um den Stamm gestellt, bis 150 cm lang.
Standort: Hell, sonnig, ganzjährig warm, im Winter nicht unter 15 °C.
Pflege: Gleichmäßig feucht halten; häufig besprühen, insbesondere bei Heizungsluft; von April bis August wöchentlich schwach dosiert düngen.
Pflanzenschutz: Schildläuse und Spinnmilben zeigen an, dass die Luft zu trocken ist.
Tipps: Dattelpalmen mögen warme Füße, daher kann es vor allem im Winter zu Wachstumsstockungen kommen.

Steckenpalme
(Rhapis exelsa)

○–◑ ⬆ 100–150 cm

Eine asiatische Palmenschönheit, die sich auch in mittelgroßen Räumen wohlproportioniert einfügt.
Wuchs: Aufrechter Stamm mit Ausläufern und lockerem Schopf.
Blätter: Fächerförmig, tief eingeschnitten, glänzend grün, 20–30 cm groß.
Standort: Hell bis halbschattig, warm, im Winter auch kühl; Zugluft grundsätzlich vermeiden.
Pflege: Während der Wachstumsperiode (Frühjahr und Sommer) häufig gießen, im Winter nur selten; von Mai bis August schwach dosiert alle zwei Wochen düngen.
Pflanzenschutz: Spinnmilben und Schildläuse bei hoher Lufttrockenheit.
Tipps: Ausläufer kann man beim Umtopfen abtrennen und einzeln eintopfen.

Orchideen

Der Farbenzauber exotischer Kostbarkeiten

Die große Blütenshow bieten Frauenschuh und gelbe Malaienblumen auch ohne größere Vorkenntnisse.

Meisterhafte Blüten und ungewöhnliche Wuchsformen zeigen an, dass es sich bei den Orchideen um etwas Besonderes handelt. Die immense Zahl der verschiedenen Gattungen, die es in dieser Pflanzenfamilie gibt, lässt ahnen, wie unterschiedlich die Ansprüche sein können. Das Blattwerk macht gestalterisch nicht viel her – insbesondere wenn man bedenkt, wie formvollendet und kompliziert die Blüten sind. Die in den Porträts ausgewählten Arten sind die gängigsten und auch die, die man im Zimmer relativ gut kultivieren kann. Dabei ist zu beachten, dass diese Orchideen immer ein warmes Klima bevorzugen und trockene Heizungsluft nicht vertragen. Aber nicht alle dürfen direkt mit Wasser besprüht werden.

Etwas ganz Besonderes ist bei den Orchideen das Wurzelwerk. Die meisten Arten wachsen epiphytisch, das heißt, sie wurzeln nicht in der Erde. Ausnahme: der Venusschuh *(Paphiopedilum)*. Für die ursprünglich auf Bäumen angesiedelten Orchideen ist es sehr wichtig, dass die Wurzeln viel Luft bekommen. Daher verwendet man immer ein sehr luftiges Substrat. Fertige Orchideenerden enthalten Styromull zur Belüftung und viele grobe Rindenstücke. Außerdem vertragen die Wurzeln Licht. Daher ist es bei manchen Arten ganz normal, dass die Wurzeln aus den Töpfen oben herauswachsen. Gesunde Orchideenwurzeln glänzen silbrig. Diese Wurzeln sind wichtig und dürfen nicht abgeschnitten werden. Man bindet sie mit Hilfe von Wurzelstücken und Moos in die Gestaltung mit ein. Manche Arten bilden so genannte Pseudobulben. Das sind Speicherorgane für Wasser und Nährstoffe.

Orchideenerde besteht aus groben Humusanteilen und weißem Styromull.

Cattleye
(Cattleya- und × *Laeliocattleya-*Hybriden)

⬆ 15–25 cm

Formenreiche und kreuzungsfreudige Orchideen, die große, wunderschöne und zum Teil sogar duftende Blüten hervorbringen.
Wuchs: Pseudobulben mit ein bis zwei Blättern.
Blüte: Groß mit meist markanter Unterlippe, reinweiß, rosa, violett, rot, gelb, je nach Art und Sorte wenige große oder zahlreiche kleine Blüten pro Stiel, unterschiedliche Blütezeiten.
Standort: Hell, nicht sonnig, feuchte Luft, im Sommer warm (25 °C), im Winter kühler (18 °C am Tag, 14 °C nachts).
Pflege: Nach Bedarf gießen, im Winter nur so viel gießen, dass die Bulben nicht austrocknen; häufig besprühen; im Sommer alle 14 Tage düngen.
Pflanzenschutz: Schildläuse.
Tipps: Die verschiedenen Sorten unterscheiden sich teilweise in ihren Temperaturansprüchen.

Cymbidie
*(Cymbidium-*Hybriden)

⬆ 50–100 cm

Stattliche Schönheiten, die sich selbst innerhalb großer Räume gut behaupten.
Wuchs: Aufrecht, dichtbuschig, linealische Blätter aus Pseudobulben, 50–75 cm lang.
Blüte: 8–10 cm groß, Miniaturformen auch kleiner, in langer Blütentraube, gelb, weiß, grün, braun, rosa, orange, altrosa, weinrot; Januar bis Juli.
Standort: Sonnig oder hell, luftig, warm, im Spätsommer nachts kühler halten.
Pflege: Reichlich gießen; von März bis September alle vier Wochen düngen, im Spätherbst und Winter die Wassergaben reduzieren und nicht mehr düngen; für hohe Luftfeuchtigkeit sorgen.
Pflanzenschutz: Spinnmilben bei zu trockener Luft.

Dendrobie
(Dendrobium phalaenopsis,
Syn.: *D. bigibbum)*

⬆ 30–50 cm

Unter den Dendrobien ist dies eine zierliche Art, die ganz easy immer wieder blüht.
Wuchs: Aufrecht, aus rohrartigen Pseudobulben, immergrün; die Blätter fallen meist nach zwei Jahren ab.
Blüte: Zierlich, ähnlich der Malaienblume, leuchtend pinkrot, am Ende der Triebe; September bis Januar.
Standort: Hell, ganzjährig warm, bei nicht zu trockener Luft.
Pflege: Regelmäßig gießen, von März bis September alle zwei Wochen düngen.
Tipps: Durch die Absenkung der Temperatur in der Nacht auf 16 °C wird die Blütenbildung angeregt. Auch wenn das Laub abgefallen ist, können sich aus den Pseudobulben noch Blüten entwickeln. Daher immer mit Grünpflanzen, z. B. Zierspargel kombinieren, damit die Pflanzen hübsch aussehen.

Stiefmütterchen-Orchidee
(*Miltonia*-Arten und *Miltoniopsis*-Hybriden)

○–◑ ⬆ 25–35 cm

Die intensive Blütenzeichnung erinnert tatsächlich an die Gesichter der Stiefmütterchen. Nur hinsichtlich der Größe und Substanz können die Gartenblumen wirklich nicht mithalten.

Wuchs: Kurze flache Pseudobulben mit jeweils drei Blättern, immergrün, linealisch.

Blüte: Breit und flach, rot, rosa oder weiß mit markanter Zeichnung je nach Art/Sorte im Sommer/Herbst oder auch ganzjährig.

Standort: Hell bis halbschattig, ganzjährig warm und luftfeucht.

Pflege: Gleichmäßig feucht halten, im Winter weniger gießen; von März bis August alle drei Wochen düngen.

Tipps: Die Blätter sollten nicht direkt besprüht werden, sondern man sollte die Luftfeuchtigkeit immer nur indirekt erhöhen.

Zahnzunge
(*Odontoglossum*- und ×*Odontioda*-Hybriden)

○–◑ ⬆ 30–70 cm

Diese Orchidee ist ein kleines Gesamtkunstwerk, denn die Blütenstände wirken wie ein filigranes Ensemble.

Wuchs: Flache Pseudobulben mit zwei bis drei immergrünen Blättern, 15 bis 25 cm lang.

Blüte: 3 bis 6 cm groß, je nach Sorte gelb mit braunroter, weiß mit rosa oder rot mit weißer Zeichnung; März bis Juli.

Standort: Hell bis halbschattig, warm, im Winter kühler (14–18 °C).

Pflege: Gleichmäßig feucht halten, im Winter nur so viel gießen, dass die Pseudobulben nicht trocken werden, regelmäßig besprühen; im Juni und Juli alle 14 Tage düngen.

Tipps: Die schlanken Blütenstände kommen vor einem ruhigen Hintergrund am besten zur Geltung.

Frauenschuh
(*Paphiopedilum*-Hybriden)

◑ ⬆ 20–40 cm

Diese Pflanze hat ein festes Programm: In jeder Blattrosette bildet sich ein Blütentrieb. Im nächsten Jahr wachsen neue Rosetten in den Blattachseln heran.

Wuchs: Aufrecht, Rosette aus lanzettlichen, leicht übergeneigten Blättern.

Blüte: Lippe wie ein Pantoffel geformt, raffiniert gezeichnet, auf einem kräftigen Stiel.

Standort: Halbschattig, im Winter auch hell; ganzjährig warm, nachts etwas kühler.

Pflege: Gleichmäßig feucht halten, aber immer nur gießen, wenn das Substrat abgetrocknet ist, im Winter weniger Wasser geben; von April bis September alle drei Wochen düngen.

Pflanzenschutz: Spinnmilben und Schildläuse durch zu trockene Luft.

Tipps: Je dichter die Rosetten stehen, desto besser gedeiht der Venusschuh.

Malaienblume, Nachtfalterblume
(*Phalaenopsis*-Hybriden)

10–40 cm

Es sind die Orchideen, die man bei uns am häufigsten angeboten bekommt.
Wuchs: Locker, mit fleischigen silbergrünen Haftwurzeln, Blätter zweiteilig gestellt, breit zungenförmig, dunkelgrün.
Blüte: Großblumig gespornt, bis 10 cm Durchmesser, an elegant gebogener Rispe aufgereiht, hellrosa, pink, rot, gelb, weiß, oft mit auffälliger Aderung oder Punktzeichnung; vor allem im Sommer.
Standort: Halbschattig, im Winter auch hell, ganzjährig warm.
Pflege: Gleichmäßig feucht halten, nie ganz trocken werden lassen, nicht ins Herz der Pflanze gießen; Blätter mit weichem Wasser besprühen; alle 14 Tage düngen.
Pflanzenschutz: Schildläuse bei zu trockener Luft.
Tipps: Kühle Nächte (16 °C) regen die Blütenbildung an.

Malaienblume
(×*Doritaenopsis*-Hybriden)

10–30 cm

Kleinblumige Form der Malaienblume, die durch die Kreuzung mit der Gattung *Doritis* entstanden ist. Sie blühen im Herbst.
Wuchs: Locker, mit fleischigen Haftwurzeln, Blätter dunkelgrün, schmaler und kleiner als bei *Phalaenopsis*.
Blüte: Kleine Blüten, aufgereiht an elegant gebogener Rispe, hellrosa, pink, weiß, reichblütig; im Herbst.
Standort: Halbschattig, im Winter auch hell, ganzjährig warm.
Pflege: Gleichmäßig feucht halten, und nie ganz trocken werden lassen; das Herz der Pflanze nicht benetzen; Blätter mit weichem Wasser besprühen.
Pflanzenschutz: Schildläuse bei zu trockener Luft.
Tipps: Da die Wurzeln gerne hell stehen, kann man diese Orchideen auch gut in klare Glas- oder Kunststoffgefäße pflanzen.

Vuylstekeare, Cambriaorchidee
(×*Vuylstekeara*-Hybriden)

30–50 cm

Man möchte meinen, jede einzelne Blüte sei das Werk eines begabten Batikkünstlers.
Wuchs: Flache Pseudobulben mit zwei bis drei Blättern, immergrün, 15 bis 25 cm lang.
Blüte: 3 bis 6 cm groß, rot, orange, weiß, gelb, rosa, stark gezeichnet, in lockeren Rispen; Herbst bis Frühling.
Standort: Hell bis halbschattig, warm, luftig, im Winter kühler (14–18 °C).
Pflege: Gleichmäßig feucht halten, im Winter nur so viel gießen, dass die Pseudobulben nicht trocken werden; regelmäßig besprühen, ideal sind 60% Luftfeuchtigkeit; von März bis September alle 14 Tage düngen.
Tipps: Vuylstekearas sind Kreuzungen aus Stiefmütterchenorchidee, Zahnzunge und *Cochlioda*. Die häufigste Sortengruppe heißt Cambria.

Kakteen

Farbenzauber im Stachelkleid

Bizarre Formen und beeindruckende Blüten zeichnen die Kakteen aus.

In der Wüste sind die stacheligen Gefährten zu Hause. Für ihr Wachstum bedeutet das, sie haben sich an die trockenen, sandigen oder steinigen Böden angepasst und halten die starken Temperaturwechsel – tags heiß, nachts kalt – gut aus. Stacheln verhindern, dass andere Wüstenbewohner sich über ihren Wasserspeicher hermachen.

Für die Zimmerkultur muss man beachten, dass die Pflanzen wirklich wenig Wasser benötigen. Auch Nährstoffe sind Mangelware. Daher pflanzt man in ein sandiges Substrat und verwendet nur Kakteendünger. Außerdem muss man beachten, dass Kakteen eine Ruhephase benötigen. Bei den kleinen, stacheligen Formen ist das meist der Winter. Nur einige wenige Arten kommen ohne die kalte Phase aus (mehr dazu lesen Sie auf Seite 21). Die Blattkakteen sowie Oster- und Weihnachtskaktus sind Epiphyten. Sie leben auf Bäumen. Ihr Rhythmus ist etwas anders, die Ruhephase beginnt teilweise schon im Spätsommer.

Blattkaktus
(Epiphyllum-Hybriden)

☼–◑ ⬆ 30–100 cm

Lässt auch der Wuchs ästhetisch zu wünschen übrig, bei dem Feuerwerk der Blüten kann man darüber getrost hinwegsehen.

Wuchs: Übergeneigt mit fleischigen, breiten und flachen Trieben, die wie Blätter aussehen, aber keine sind.

Blüte: Trichterförmig, lang gestreckt, Durchmesser bis 15 cm, weiß, creme, gelb, orange, rosa, purpur, rot, violett, Mai bis Juli.

Standort: Hell bis halbschattig, sonnige Standorte brauchen eine Eingewöhnung; warm, im Winter bei 8 °C.

Pflege: Regelmäßig gießen; von März bis August mit Spezialdünger versorgen.

Pflanzenschutz: Schild- und Wollläuse bei warmem Winterplatz.

Tipps: Durch Stecklinge kann man die Kakteen vermehren und verjüngen, falls die alten Exemplare unschön geworden sind.

Warzenkaktus
(*Mammillaria*-Arten)

✿ ☼–○ ⬆ 5–70 cm

Diese kleinen Kakteen waren schon häufig der Anfang für eine Kakteensammlung.
Wuchs: Kugelförmig, mit regelmäßig angeordneten warzenförmigen Verdickungen, an deren Enden die Dornen sitzen.
Blüte: Rund, röhrenförmig, 1–2 cm groß, in Reihen im oberen Drittel, lilarosa, violett, weiß, gelblich; April bis Mai.
Standort: Vollsonnig, warm, ab Oktober für vier Monate kühl (5–12 °C) stellen.
Pflege: Kräftig gießen und anschließend die Erde vollständig abtrocknen lassen; im Winter nur wenig gießen und im Frühjahr die Menge langsam steigern, im Sommer mit Kakteendünger versorgen.
Pflanzenschutz: Fäulnis durch zu nasse Erde; manchmal Wurzelläuse.
Tipps: Bei optimalen Bedingungen bilden sich mehrsprossige Polster.

Osterkaktus
(*Rhipsalidopsis*-Hybriden)

✿ ○–◑ ⬆ 15–50 cm

Nicht nur für die Osterdeko ein toller Blickfang und Tischschmuck.
Wuchs: Flache Sprossglieder, die überhängen; am Naturstandort ein Epiphyt, der auf Bäumen wächst; die Blätter sind zu Borsten umgebildet.
Blüte: Röhrig, 4–5 cm lang, am Ende sternförmig, an den Enden der Sprossglieder pink bis scharlachrot; März bis Mai.
Standort: Hell bis halbschattig, warm; von November bis Januar kühl (bei ca. 8 °C) stellen.
Pflege: Regelmäßig gießen, während der Ruhephase im Winter und nach der Blüte wenig gießen; im Sommer düngen.
Pflanzenschutz: Fäulnis durch nassen Wurzelballen.
Tipps: Im Sommer kann man die Töpfe an einem halbschattigen Platz im Garten in die Erde einsenken oder in einen Baum hängen.

Weihnachtskaktus
(*Schlumbergera*-Hybriden)

✿ ○–◑ ⬆ 15–30 cm

Robuste Schönheit, die man nicht nur aus Gärtnereien bezieht, sondern die häufig auch von Fensterbank zu Fensterbank verschenkt wird.
Wuchs: Aufrecht bis überhängend, blattartige Sprossglieder, 5–6 cm lang.
Blüte: Langröhrig mit zurückgeschlagenen Blütenblättern, rosa, purpur, violett, gelb.
Standort: Hell bis halbschattig, luftig.
Pflege: Regelmäßig gießen, bis Juli 14-täglich düngen; ab August weniger gießen, bis die Blütenknospen heranwachsen.
Pflanzenschutz: Wollläuse durch zu trockene Heizungsluft.
Tipps: Ein Standortwechsel kann zum Abwurf der Knospen führen.

Easy

So gelingt die Praxis ganz leicht

Die wichtigsten Handgriffe, damit sich der Garten im Zimmer prächtig entwickelt und dauerhaft Freude bereitet

Vorbereiten

Die ersten Schritte zu einer grünen Wohnung

Übertöpfe in allen Variationen: Farbe, Form und Material ergänzen den Stil der Einrichtung.

Zimmergärtner wird man

Zimmergärtner wird man auch ohne großes Equipment. Die erste Anschaffung sind tatsächlich die Pflanzen und passende Übertöpfe. Hilfreich für die tägliche Pflege sind weiterhin eine Gießkanne, ein Wassersprüher und Dünger.

Der Pflanzeneinkauf gestaltet sich vielfach als spontane Idee. Das birgt die Gefahr, dass man Pflanzen kauft, die mit den Bedingungen in der Wohnung nicht klarkommen oder nicht zu der Einrichtung passen. Daher sollte man sich ein paar Gedanken vorab machen: Wohin soll die Pflanze gestellt werden? Wie ist die Lichtsituation an diesem Platz ? Soll die Pflanze blühen oder bevorzugt man einen grünen Dschungel? So kann man Bedingungen und Bedürfnisse aufeinander abstimmen. Ratsam ist es auch, den zur Verfügung stehenden Platz vorher auszumessen.

Für den Einkauf ist ein Fachgeschäft zu empfehlen, das Pflanzen mit guter Qualität verkauft. So schleppt man sich keine Krankheiten ein und kann auch auf professionelle Beratung zurückgreifen. Außerdem kann der Gärtner auf spezielle Wünsche nach Pflanzen eingehen, die er in kurzer Zeit im Großhandel besorgt.

Töpfe, die auf den Boden

Töpfe, die auf den Boden gestellt werden, bleiben mit einem Rolluntersetzer mobil. Auch große Zimmerbäume kann man jederzeit bequem an die Seite rücken. Außerdem kann Luft unter dem Gefäß zirkulieren. Es bildet sich kein Schwitzwasser, das hässliche Flecken auf dem Untergrund hinterlässt. Dies ist grundsätzlich zu beachten, wenn man Übertöpfe auf Holz, Textilien oder andere wasserempfindliche Materialien stellt. Kleine Fliesen oder Untersetzer helfen, bösen Überraschungen vorzubeugen.

Ein fahrbarer Untersetzer erleichtert den Umgang mit sperrigen Zimmerpflanzen.

Ampelgefäße hängen an kräftigen Eisenketten oder Seilen von der Decke herunter.

Filz um die Primeltöpfe gewickelt und mit einer Schleife befestigt, sorgt für Abwechslung im Topf-Einerlei.

Die Frage des Übertopfes

muss beim Einkauf ebenfalls geklärt werden. Was den Stil, die Farbe und das Material betrifft, hat man meist eine gewisse Vorstellung. Schließlich soll das Gefäß zur Einrichtung passen, damit sich die Pflanze leicht in die Situation einfügt. Hinsichtlich der Größe stimmt man es auf den Wurzelballen der ausgewählten Pflanze ab. Dabei ist es wichtig, dass die Ränder von innerem und äußerem Topf auf einer Linie abschließen. Für hohe, schlanke Übertöpfe baut man aus Holzklötzen einen Einsatz, damit der Topf hineinpasst, oder man füllt in die untere Hälfte groben Kies ein. Wichtig: Der Topf sollte dann auf einen Untersetzer im Gefäß gestellt werden, damit die Wasserversorgung funktioniert. Auch für nicht wasserdichte Übergefäße wie Körbe braucht man einen Einsatz, damit man problemlos gießen kann. Ampelpflanzen hängt man an der Decke auf. Für die Befestigung der Haken braucht man kräftige Dübel, denn das Gewicht von Blattmasse und Gießwasser ist nicht zu unterschätzen. Seile beziehungsweise Ketten, an denen die Hängetöpfe von der Decke baumeln, müssen stabil und kräftig sein. Schließlich sollen die Pflanzen wachsen, und das heißt: mehr Gewicht und eine höhere Zugkraft.

Mit Pinsel und Schwamm bekommen Übertöpfe eine persönliche Farbnote.

Für langweilige Übertöpfe: Farbenfroher Tapetenwechsel aus modischem Seidenpapier.

Der Fantasie sind keine

Grenzen gesetzt, wenn es darum geht, Übertöpfe individuell zu gestalten. Mit Pinsel, Schwamm und Wischtechnik bekommen schlichte Gefäße ein modisches Outfit. Man sollte nur darauf achten, dass die Farbe wasserfest und lichtecht ist. Für Tischdekorationen kann man sich einiges einfallen lassen. Verhüllt in Stoff und Papiere, werden aus einfachen Senfgläsern peppige Übertöpfe für Mini-Pflanzen, die die Party schmücken. Farblich stimmt man Blüten und das Motto des Festes aufeinander ab. Raffinierte Übertöpfe kann man mit Hilfe der Serviettentechnik gestalten. Tomatenmotive klebt man auf die Kräutertöpfe in der Küche, und ein modisches Vichy-Karo in zartem Fliederton ziert die weißen Gefäße für das Blaue Lieschen. Aber man kann auch improvisieren: Bunte Plastikpapierkörbe oder leere Konservendosen lassen sich zu einem peppigen Übertopf umfunktionieren.

Umtopfen

Frische Erde kurbelt das Wachstum an

Wenn im Frühjahr die Zimmerpflanzen aus dem Winterschlaf erwachen, ist der Zeitpunkt zum Umtopfen optimal. Bei den kleineren Gewächsen sollte zunächst geprüft werden, ob die Wurzeln den Topf komplett ausfüllen. In diesem Fall wählt man ein größeres Gefäß.

Andernfalls kann man den Topf mit klarem Wasser reinigen. Tontöpfe, die starke Kalkausblühungen zeigen, sollten vor der Neubepflanzung gründlich mit Essigwasser abgeschrubbt werden. Neue Töpfe stellt man für einen Tag in einen Eimer mit frischem Wasser.

In das saubere Gefäß legt man eine Tonscherbe auf das Abzugsloch und füllt ein paar Zentimeter Tongranulat auf. So stehen die Wurzeln nicht zu nass. Der Wurzelballen wird vorbereitet, indem man alte, vertrocknete Wurzeln entfernt. Auch faulig weiche Wurzelstücke müssen gründlich weggeschnitten werden. Hat sich ein dichter Wurzelfilz gebildet, reißt man ihn auf und kürzt lange Wurzeln ein. Die obere Erdschicht wird abgekratzt. Sehr fest verwurzelte Ballen können mit einem scharfen Messer beschnitten werden.

1

2

3

4

Den Ballen umsetzen...

1. Der Wurzelballen wird aus dem Topf gelöst.
2. Eine Tonscherbe legt man auf das Loch und befüllt mit Drainagematerial.
3. Nun gibt man etwas frisches Substrat hinein.
4. Die Pflanze einsetzen und neue Erde auffüllen.

Will man kein größeres

Gefäß verwenden, so schneidet man aus einem sehr dichten Wurzelballen seitlich vier oder fünf schmale Keile heraus. So wird die Neubildung der Wurzeln angeregt und zugleich neuer Wurzelraum geschaffen.

Beim Eintopfen müssen die Lücken gut gefüllt werden. Notfalls spült man die Erde mit Wasser ein, damit sie nicht zu stark verdichtet wird. Zwischen der Oberfläche des Ballens und dem Topfrand lässt man einen Gießrand von ein bis zwei Fingern Breite frei. So kann man die Pflanzen bequem gießen, ohne dass seitlich Wasser überschwappt. Wenn beim Angießen die Erde stark zusammensackt, füllt man die entstanden Löcher auf. Wichtig ist, dass die Pflanze genauso hoch im Substrat steht wie vorher. Nun kann man die Pflanze in den Übertopf stellen.

Wer mit dem Gießen unsicher ist, der füllt auf den Boden des Gefäßes eine lockere Schicht Tongranulat. Dieses poröse Material (siehe auch Seite 127) saugt überschüssiges Gießwasser auf und gibt es bei Trockenheit allmählich ab. So verhindert man, dass die Wurzeln zu nass stehen, wenn man zu viel gegossen hat. In den ersten vier Wochen braucht man nicht zu düngen, da der Vorrat im Substrat ausreicht.

TIPP

Eine hochwertige Blumenerde macht sich immer bezahlt, weil sie für gutes Wurzelwachstum und eine ausgewogene Ernährung sorgt. Für Kakteen und Orchideen sollte man allerdings eine Spezialerde verwenden, weil deren Wurzeln sehr empfindlich sind. Kakteenerden trocknen rasch ab, während Orchideenerden den richtigen pH-Wert und einen hohen Luftanteil haben.

... den Übertopf erneuern

1. **Die Erde am Rand** wird angedrückt.
2. **Anschließend gießt** man den Ballen kräftig.
3. **Für die richtige Höhe:** sorgt ein eingelegter Untersetzer.
4. **Nun die Pflanze in den** Übertopf stellen.

Wässern

Bringt Lebenselixier für Zimmerpflanzen

Gießen zählt zu den wichtigsten Pflegearbeiten bei Zimmerpflanzen. Allerdings kommt es dabei immer auf die richtige Menge an. Zu viel Wasser macht den Pflanzen ebenso zu schaffen wie ein Mangel. Jede Pflanzen-Art hat ihren individuellen Bedarf. Zudem ist dieser abhängig von der Lichtsituation, der Temperatur und der Luftfeuchtigkeit. Ein weiterer Faktor, der den Verbrauch bestimmt, ist die Wachstumsphase bzw. Ruhezeit.

Steht die Pflanze zu trocken, lässt sie die Blätter und Triebspitzen hängen. Dann wird es höchste Zeit, zur Gießkanne zu greifen. Aber eigentlich sollte man es so weit nicht kommen lassen.

Vor dem Gießen fühlt man mit Finger, ob die Erde auch in der Tiefe trocken oder noch feucht ist.

Die meisten Zimmerpflanzen werden mit abgestandenem Wasser von oben gegossen.

Dürfen die Blätter oder das Herz nicht nass werden, gießt man von unten.

Bei einem ausgiebigen Tauchbad kann der Wurzelballen so richtig auftanken.

Deshalb ist es wichtig, den Blick zu schärfen. Trockenheit erkennt man an der Erde: Sie ist dann hell, und der Ballen löst sich vom Topfrand. Eine weitere Kontrolle sollte man vornehmen, bevor man gießt. Mit der Fingerprobe erfühlt man, ob der Ballen nur oberflächlich trocken ist oder auch in der Tiefe.

Bevor man nun aber einfach die Kanne unter den Wasserhahn hält und gießt, sollte man wissen, dass Wasser aus der Leitung meist sehr kalt ist und die feinen Wurzeln stresst. Besser ist es daher, abgestandenes Wasser zu verwenden, weil es bereits Raumtemperatur angenommen hat. Weiches Wasser mit bis zu 8 °dH ist ideal. Wenn es mehr als 13 °dH hat, sollte man es enthärten, insbesondere zum Besprühen von Blättern, da sie dann weniger Kalkflecken bekommen.

Das Frauenhaarfarn bevorzugt einen erfrischenden Wassernebel aus der Sprühflasche.

Die folgenden Faustregeln

helfen Ihnen, ein Gefühl für den Wasserbedarf von Pflanzen zu bekommen:

- Viel Wasser wird bei trockener, warmer Luft, einem hellen Standort und während der Wachstumsperiode benötigt.
- An einem kühlen, eher dunklen Standort brauchen Pflanzen wenig Wasser. Ebenso während der Sommer- beziehungsweise Winterruhe.

Der Wasserbedarf ist auch eine Frage des Gefäßes. So verdunstet aus einem Kunststofftopf weniger Wasser als aus einem porösen Tontopf. Steht dieser in einem Übertopf, ist der Wasserverlust jedoch geringer als beim freien Stand auf einem Untersetzer.

Wenn man nun gießt, gibt man im Normalfall das Wasser in nicht zu kräftigem Strahl auf die Erde. Es soll langsam versickern. Sammelt sich überschüssiges Wasser im Untersetzer oder Übertopf, reicht die Menge aus. Anderenfalls gießt man nochmals nach.

Pflanzen, deren Triebe und Blätter empfindlich auf Nässe reagieren, gießt man besser nur von unten. Dieses gilt vor allem für Usambaraveilchen *(Saintpaulia)* und Begonien *(Begonia)*.

Aus der Ballonflasche perlt das Wasser und kann langsam in der dekorierten Schale versickern.

Wasser steigt langsam auf. Allerdings werden dabei auch Salze an die Erdoberfläche transportiert und setzen sich dort ab. Damit sie nicht schaden, muss man beim Umtopfen die obere Erdschicht austauschen.

Vor allem in der kalten Jahreszeit ist es wichtig, dass **überschüssiges Wasser** aus Untersetzern und Übertöpfen entfernt wird. Die anhaltende Nässe wirkt bei Pflanzen nicht anders als beim Menschen, wenn er nasse Füße hat: Sie fangen an zu kränkeln. Die Erde sollte daher immer wieder abtrocknen.

Bewährt hat sich auch das **Tauchen** von Pflanzen. Der Wurzelballen wird in einen Eimer mit Wasser gehalten, bis keine Blasen mehr aufsteigen. Nun hat sich das Substrat voll gesogen. Ideal ist Tauchen u. a. für Azaleen und Orchideen.

TIPP

Weiches Wasser bevorzugen viele Zimmerpflanzen. Leitungswasser ist jedoch meist sehr kalkhaltig. Die einfachste Art, es zu enthärten, ist das Abkochen. Wichtig: Das Wasser muss abkühlen. Man kann auch über Nacht ein Säckchen mit Torf (1 l Torf pro 10 l Wasser) in die Gießkanne hängen. Oder man gibt einen Spritzer Essig ins Wasser. Hochwertig ist auch Regenwasser, das man in Eimern auffängt.

Bromelien gießt man mit zimmerwarmem Wasser direkt in den Trichter.

Wer gießt die Pflanzen im Urlaub

oder wenn man für ein paar Tage verreisen will? Diese Frage stellt sich immer wieder. Zunächst sollte man Acht geben, wie oft man wirklich gießt. Kommt man damit aus, die Pflanzen alle zwei bis drei Tage zu wässern, ist der Wochenendtrip kein Problem. Schließlich regelt man ohnehin die Heizung herunter, und wenn die Rollläden geschlossen werden, ist der Verbrauch geringer. Die Pflanzen vom sonnigen Fensterbrett stellt man für die Zeit der Abwesenheit an einen hellen Platz, denn in der Sonne verdunstet natürlich auch eine ganze Menge Wasser. Kleinere Zimmerpflanzen kann man unter ein spezielles Folienzelt stellen. Die Luftfeuchtigkeit ist dort hoch, und so verdunstet nur wenig Wasser.

Will man dagegen für eine Woche verreisen, braucht das eine oder andere durstige Gewächs Nachschub. Statt die Nachbarn zu bemühen, hilft die halbautomatische Bewässerung mit Tonkegeln, die über einen Schlauch mit einem Vorratsbehälter verbunden sind (siehe Seite 140). Bei Trockenheit entsteht Unterdruck, der das Wasser ansaugt.

Bei Trockenheit wird von den Tonkegeln Wasser aus dem Vorratsbehälter angesaugt.

Dekorativ und nützlich: Aus blauen Glasballons sickert bei Bedarf Wasser in die Erde.

Im wassergefüllten Untersetzer liegen Kiesel. So wird die Luftfeuchtigkeit erhöht.

Ähnlich funktioniert das Prinzip der dekorativen Wasserkugeln. Oder man nimmt Wasserflaschen, die mit der Öffnung in den Ballen gesteckt werden. Wichtig: Die Erde muss feucht sein, damit sich der Druck aufbaut.

Wasser benötigen auch die Blätter

in Form von Luftfeuchtigkeit. Dazu nebelt man die Pflanzen mit Sprühern vor allem während der Heizperiode im Winter ein. Das Wasser sollte dabei handwarm, kalkfrei und abgestanden sein. Pflanzen mit zarten oder behaarten Blättern vertragen das Einnebeln nicht so gut. Hier wird die Luft indirekt befeuchtet, durch Verdunster an den Heizkörpern oder Wasserschalen, die auf dem Fensterbrett aufgestellt werden. Die Oberfläche wird vergrößert, indem man dekorative Murmeln und Muscheln in das Wasser legt. Zimmerbrunnen (siehe Seite 29) helfen beim Befeuchten der Luft ebenso wie Pflanzen mit starker Verdunstung, wie Zypergras *(Cyperus alternifolia)*, Zimmerlinde *(Sparrmannia)* und Zierbanane *(Musa)*.

Hydrokultur

Vollkommen easy ist die Pflege von Zimmerpflanzen, die in einem Tongranulat wachsen. Der Ton wird in einem speziellen Verfahren hergestellt, damit er einen hohen Anteil an offenen Poren hat. So kann viel Wasser gespeichert werden, und man erspart sich häufige Kontrollgänge.

TIPP

Kugeln oder Körner machen einen Unterschied. Während die normalen Pflanzen für die reine Hydrokultur in Blähton langsam angepasst werden müssen, kann man feines Granulat wie zum Beispiel Seramis einfach um den Erdballen füllen und so die Wasserversorgung verbessern.

Will man eine Pflanze auf Hydrokultur umstellen, so sollte man eine gesunde Jungpflanze verwenden. Welche Arten sich am besten eignen, erfahren Sie bei Ihrem Gärtner. Zunächst müssen die Wurzeln gründlich von der Erde befreit werden. Am besten spült man die Erde in einer Wanne ab. Dabei muss man recht penibel vorgehen, da anhaftende Erdreste später Fäulnis im Blähton erzeugen. Nun füllt man in einen speziellen Hydro-Topf (er hat seitlich große Abzugslöcher) etwas Blähton, hält den Wurzelballen hinein und füllt das Tongranulat ein. Die Pflanze sollte genauso hoch im Blähton stehen wie zuvor in der Erde. Durch leichtes Aufstoßen des Topfes auf dem Tisch setzt sich der Blähton. Dann wird der Wasserstandsanzeiger installiert. In den ersten Wochen sollten die Pflanzen unter einer Plastikhaube stehen. So wird die Luftfeuchtigkeit erhöht, und die Wurzeln können sich an die neue Situation anpassen. Wenn das Wachstum einsetzt, beginnt man allmählich mit dem Düngen. Bei manchen Systemen wird dazu eine Vorratsbatterie an der Topfunterseite befestigt.

Für die Hydrokultur müssen die Pflanzen auf das Wurzeln in Wasser und Blähton vorbereitet werden.

Leichter stellt man Topfpflanzen auf ein feinkörniges Tongranulat wie Seramis um. Der Erdballen bleibt erhalten, man füllt lediglich eine zwei bis drei Zentimeter starke Schicht rund um die Wurzeln. Das bedeutet, dass man ein größeres Gefäß benötigt.

Eine Schicht Tongranulat im Übertopf verhindert, dass die Wurzeln im Wasser stehen.

Alle Pflanzen kann man problemlos mit dem Wurzelballen in feines Tongranulat setzen.

Düngen

Nährstoffe sorgen für kräftiges und gesundes Wachstum

Düngestäbchen versorgen die Pflanzen mehrere Wochen. Man steckt sie tief in die Erde.

Die Nährstoffe garantieren ein gesundes Wachstum. Allerdings kommt es auf die richtige Zusammensetzung und die richtige Dosierung an. Bei den verschiedenen Nährstoffen, die eine Zimmerpflanze benötigt, kann man sich auf die handelsüblichen Dünger verlassen. Meist wird zwischen **Grün- und Blütenpflanzen** unterschieden. Das ist kein Verkaufstrick, sondern liegt daran, dass blühende Gewächse einige Nährstoffe, nämlich Phosphor und Kalium, in einer höheren Konzentration benötigen als Grünpflanzen, deren Versorgung mit Stickstoff und Magnesium optimal sein muss. Verwechslungen können teilweise die Folge haben, dass Blütenpflanzen weniger oder gar keine neuen Knospen ansetzen.

Die Dosierung hängt von dem jeweiligen Produkt ab. Auf oder in jeder Packung befindet sich eine ausführliche Dosierungsanleitung, die hilft, eine optimale Versorgung der Pflanzen zu garantieren. Zudem hat jede Art ihren typischen Verbrauch, der vor allem bei der Verwendung von Flüssigdünger die Länge der Zeitabstände zwischen den Gaben bestimmt. Blütenpflanzen, die man über mehrere Jahre kultiviert, haben vor allem während der Blüte einen hohen Nährstoffbedarf.

Grundsätzlich sollte man beachten, dass Zimmerpflanzen in den Wintermonaten fast nicht wachsen, weil die Lichtmenge nicht ausreicht. Das bedeutet: Nährstoffe werden kaum verbraucht. Daher legt man mit dem Düngen im Winter eine Pause ein. Anderenfalls sammeln sich die Nährsalze im Boden an, was zu einer **Überdüngung** führt. Dies erkennt man daran, dass die Erde feucht ist, die Pflanzen aber dennoch welken. Die Ursache hierfür liegt darin, dass die Konzentration an Nährstoffen so hoch ist, dass sie das Wasser im Substrat festhalten.

Abhilfe gegen eine Überdüngung schafft man durch eine durchdringende Spülung des Wurzelballens. Dabei stellt man die Pflanze in die Dusche oder Badewanne und wässert den Ballen mehrmals für fünf bis zehn Minuten. Mit dem Wasser werden die überschüssigen Nährsalze ausgespült. Auch das Austauschen der Erde ist empfehlenswert. Allerdings muss man die Schönheiten anschließend sehr vorsichtig gießen und vor allem für eine hohe Luftfeuchtigkeit sorgen.

Auf die richtige Dosis kommt es an: Der Deckel ist gleichzeitig Messbecher für Flüssigdünger.

Flüssigdünger Stäbchen, Granulat oder Kegel werden als Darreichungsformen von Düngern angeboten, und bisweilen verwirrt die Vielfalt etwas. **Flüssigdünger** werden mit dem Gießwasser verdünnt. Je nach Pflanzenart wendet man diese Nährstofflösung alle zwei bis vier Wochen während der Wachstumsphase an. Der Vorteil von Flüssigdünger besteht darin, dass man auch empfindliche Pflanzen in niedriger Dosis optimal versorgen kann.

Düngestäbchen und -kegel werden in den Erdballen gedrückt. Sie geben dann allmählich die Nährstoffe an die Erde beziehungsweise die Pflanzenwurzeln ab. Die Menge der zu verwendenden Einheiten berechnet sich nach der Topfgröße. Die bequemste Form des Düngens ist der **Langzeitdünger.** Die Kügelchen halten neben den sofort wirkenden Inhaltsstoffen einen Nährstoffvorrat bereit. Dieser wird in Abhängigkeit von der Zeit und der Temperatur an die Wurzeln abgegeben. Der Vorteil: Man kann das Düngen je nach Produkt für drei bis sechs Monate vergessen. Solche Depotdünger gibt es als Granulat und Kegel (siehe Bild). Die Kegel enthalten eine Nährstoffmenge, die die Dosierung von handelsüblichen Topfgrößen zulässt.

Düngen und vergessen: Der Kegel mit Langzeitdünger versorgt die Pflanzen mehrere Monate mit Nährstoffen.

Zeigt sich ein Nährstoffmangel, so muss dies allerdings nicht nur daran liegen, dass man zu wenig gedüngt hat. Eine Extraportion kann bei Blättern, die eine typische helle Blattfärbung und dunkel gezeichnete Blattadern haben, nichts bewirken. So genannte **Chlorosen** treten auch dann auf, wenn der pH-Wert des Bodens nicht stimmt. Zwerg-Orangenbäumchen (× *Citrofortunella mitis)* beispielsweise benötigen eine saure Erde. Gießt man sie nun immer wieder mit kalkhaltigem Leitungswasser, dann verändert sich der **pH-Wert.** Zunächst wird er neutral, und später basisch. In den unterschiedlichen Milieus werden auch die Nährstoffe unterschiedlich gebunden. So werden vor allem Eisen und Magnesium in einer kalkhaltigen Erde (= hoher pH-Wert über 6,5) festgehalten. Abhilfe kann man kurzfristig durch eine Blattdüngung schaffen, oder man gibt speziellen Eisendünger. Zugleich muss umgetopft werden.

TIPP

Für Orchideen und Kakteen werden im Fachhandel Spezialdünger angeboten. Sie enthalten einen Nährstoffcocktail genau in der Konzentration, wie er für diese Pflanzen optimal ist. Mit normalen Produkten für Zimmerpflanzen richtet man wenig aus und schädigt häufig sogar die empfindlichen Wurzeln.

Auch die rein organischen Düngedrops liefern über mehrere Monate hinweg Nährstoffe.

Pflegen

Wichtige Handgriffe für ein tadelloses Outfit

Welke und trockene Wedel des Frauenfarns entfernt man vorsichtig mit der Schere.

Eine Schere ist das Handwerkszeug, wenn es um die regelmäßige Pflege geht. Blüten- und Grünpflanzen sehen immer nur dann attraktiv aus, wenn man keine welken Blüten oder braunen Blätter entdeckt.

Das Ausputzen wird nach Bedarf gemacht. Verblühtes entfernt man regelmäßig, denn meist versuchen auch Zimmerpflanzen Samen zu bilden. Das kostet aber unnütz Kraft. Einzelblüten von Amaryllis (*Hippeastrum*) und Hibiskus *(Hibiscus rosa-sinensis)* kann man mit den Fingern auszupfen. Welke Blütenstände von Ixore *(Ixora)*, Drehfrucht *(Streptocarpus)* und Flammendem Käthchen *(Kalanchoe blossfeldiana)* werden möglichst tief abgeschnitten, sodass die Schnittstelle von Laub verdeckt wird.

Grüne Topfpflanzen bekommen welke Blätter, die ausgeputzt werden. Die Blattstiele sollten so tief zurückgeschnitten werden, dass man die Stummel nicht sieht. Weiterhin werden vor allem buschige Grünpflanzen hin und wieder gestutzt, damit sie buschig und kompakt wachsen. Für einen solchen Schnitt setzt man eine spitze Schere dicht über einer Blattknospe an. Bei einer Birkenfeige *(Ficus benjamina)* kann man dabei mehrere Zentimeter lange Triebe entfernen. Sind die Büsche von verzweigten Zimmerbäume überaltert, so nimmt man einzelne alte Äste direkt am Stamm weg. Auch bei Ampelpflanzen wie der Schamblume *(Aeschynanthus)* schneidet man hin und wieder alte Zweige aus der Pflanze heraus, damit sich nachwachsende Triebe prachtvoll entfalten können.

Abgeblühte Stiele der Drehfrucht werden tief im Blattwerk abgeschnitten.

Bei der Kanonierblume *(Fittonia)* oder der Punktblume (*Hypoestes*) dagegen knipst man immer wieder nur die Spitzen ab, um so die Verzweigung zu fördern. Ebenso kann der Bubikopf *(Soleirolia soleirolii)* zurückgeschnitten werden. Hier kann man mit der Schere die Büsche quasi mähen. Die Pflanzen erholen sich rasch mit einem frischgrünen Neuaustrieb von dem Eingriff und sehen anschließend wieder vital aus.

Vergessene und alte Pflanzen

brauchen etwas mehr Zuwendung, damit sie wieder durchtreiben können. Man sollte möglichst die Ursache für den schlechten Zustand klären. Ein dunkler Standort, zu viel oder zu wenig Wasser können auf Dauer die grünen Schönheiten dahinwelken lassen. Dann muss man nicht nur Veränderungen herbeiführen, sondern die Pflanzen, ähnlich wie einen vergreisten Zimmerbaum, kräftig zurückschneiden, um einen Neuaustrieb anzuregen. Anschließend wird der Ballen von alter Erde befreit. Die Wurzeln, die kraftlos und abgestorben aussehen, schneidet man ab. Nun werden die Pfleglinge wie ab Seite 122 beschrieben in frische Erde getopft. Zunächst gießt man häufiger aber nur wenig, und schon bald zeigen sich neue, grüne Spitzen.

Für eine Verjüngungskur sind Frühjahr und Sommer optimale Zeiten, da dann die Wachstumsbedingungen optimal sind.

3

4

5

6

1

2

Yuccapalme kürzen

1. **Lang und unförmig** werden die verholzenden Stämme von Yucca und Drachenbaum im Laufe der Jahre.

2. **Mit einer Säge** schneidet man den oberen Teil ab. Der Stamm treibt dann schon nach einigen Wochen seitlich neu aus. Auch der Abschnitt wurzelt in Erde.

Den Ficus retten

3. **Kahle und trockene Zweige** abschneiden.

4. **Alte Erde abklopfen.** Lange Wurzeln kürzen.

5. **Nun wird in frische** Erde getopft.

6. **Nach einigen Wochen** treibt frisches Blattwerk.

Frischluft

ist bei Pflanzen auf dem Fensterbrett sehr begehrt. Daher sollte man das Fenster immer wieder öffnen. Am besten ist ein dauerhaft gekipptes Fenster, weil so die Luftzirkulation in Gang kommt, die Pflanzen aber nicht im kalten Zug stehen. Vorsicht im Winter, denn Minustemperaturen schaden den Zimmerpflanzen!

Blattspitzen

werden bei zu geringer Luftfeuchtigkeit braun und trocken. Die Pflanzen wirken dann nicht sehr gepflegt. Daher sollte man die Spitzen wegschneiden, allerdings nicht bis in den grünen Teil, sondern einige Millimeter davor. Außerdem sollte man die Luftfeuchtigkeit dauerhaft erhöhen oder die Pflanze umstellen.

Pflegetipps

Neben regelmäßigem Gießen und Düngen sind die meisten Zimmerpflanzen recht pflegeleicht. Mit einigen Handgriffen, die wir Ihnen auf diesen Seiten zeigen, wächst Ihr grüner Daumen zusammen mit Ihren Grünpflanzen und gesunden Blütenschönheiten ganz von alleine. Dabei ist es ganz wichtig, die Pflanzen aufmerksam zu beobachten, denn ungewöhnliche Veränderungen sind meist ein Zeichen für schlechte Standortbedingungen. Wer die Situation rasch verbessert, verhindert Krankheiten, Schädlinge oder gar das Eingehen der ganzen Pflanze.

Die Erde

wird durch das regelmäßige Gießen allmählich verdichtet. Die Poren werden kleiner, und das Gießwasser verdunstet schneller. Daher sollte man die obere Schicht mit einer Gabel lockern. Es reicht, wenn man dies alle sechs bis acht Wochen macht. Als Alternative deckt man die Erde mit Splitt, Muscheln oder Murmeln ab.

Großes Laub

wirkt als Staubfänger. Im Laufe der Zeit lagert sich einiges ab und erschwert den Pflanzen das Leben. Der Staubfilm verringert die Lichtausbeute und verstopft die Poren. Abwischen bei großlaubigen und eine handwarme Dusche für kleinlaubige Pflanzen sind von Zeit zu Zeit notwendig, insbesondere während der Heizperiode.

Einen Bogen

aus Kranzschlinge, Passionsblume oder Efeu kann man leicht selber ziehen. Aus einem festen Draht biegt man mit Hilfe eines Eimers einen Bogen. Die Enden werden so abgewinkelt, dass man sie tief in die Erde stecken kann. Die Triebe werden nun um den Draht geschlungen und mit dunkelgrünem Baumwollfaden oder Blumendraht befestigt. Wichtig: Der Faden darf nicht einschneiden. Neue Triebe werden immer wieder eingeflochten.

Der Winter

lässt so manche Grünpflanze leiden. Die Blätter werden krank und welk. Ein radikaler Rückschnitt regt das Wachstum neu an. Bei der Dieffenbachie werden die Spitzen bis in den Stamm weggenommen. In den ersten Wochen muss man mit dem Gießen vorsichtig sein, denn es wird weniger Wasser verbraucht. Treiben dann die so genannten schlafenden Augen aus, steigert man die Gießmenge und düngt in niedriger Dosierung.

Wegwerfen?

dazu sind die buschigen Weihnachtssterne fast zu schade. Aber es macht auch etwas Mühe, die Winterschönheiten zum nächsten Weihnachtsfest zum Blüten zu bringen. Zunächst schneidet man die Büsche um gut die Hälfte zurück. Den Sommer über stellt man sie am besten ins Freie. Ab September brauchen die Pflanzen weniger als zwölf Stunden Licht, damit sich die farbigen Hochblätter bilden. Mit einem Karton deckt man sie ab.

Pflanzenlicht

hat ein Spektrum, das von den Pflanzen für die Photosynthese genutzt werden kann. Diese Lampen setzt man vor allem im Winter ein. Mit einer Zeitschaltuhr wird die Lichtausbeute morgens und nachmittags verbessert. Diese sinkt stark mit dem Abstand vom Fenster. Vorhänge wirken zusätzlich als mindernder Faktor. Man hängt die Lampen so hoch auf, dass der Kegel alle Pflanzenteile gleichmäßig beleuchtet.

Vermehren

»Aus eins mach zwei«, oder: die grüne Kinderstube

Verlockend ist es zu sehen, wie die Zimmerpflanzen Zuwachs bekommen. Bei den einen geht es leichter, andere dagegen überlässt man tatsächlich besser dem Gärtner. Der einfachste Weg zum grünen Nachwuchs ist die **Teilung.** Beim Umtopfen (Seite 122 f.) einer buschig wachsenden Pflanze entdeckt man meist, wie dicht der Wurzelballen ist. Gleichzeitig stehen die Triebe sehr dicht. Also teilt man den Wurzelballen. Dazu nimmt man am besten ein scharfes Messer zur Hilfe. Die Teilstücke werden wieder frisch eingetopft und schon bald setzt der Neuaustrieb ein. Schwertfarn *(Nephrolepis)*, Zimmerbambus *(Pogonatherum)* und Cymbidien-Orchideen *(Cymbidium)* lassen sich leicht teilen.

Mit dem Pikierholz bohrt man ein Loch in die Erde und pflanzt den Ableger ein.

Nun noch angießen – schon bald hat die Pflanze eigene Wurzeln und wächst.

Ein Kindel der Henne-mit-Küken-Pflanze wird mit einem Stück Trieb abgeschnitten.

Bilden sich von Natur aus Kindel, ist die Vermehrung ein leichtes Spiel. Solche Absenker sind typisch für Grünlilie (*Chlorophytum*), Henne-mit-Küken *(Tolmiea)* und Judenbart *(Saxifraga stolonifera)*. Sie bilden an mehr oder weniger langen, herunterhängenden Trieben kleine, rosettenartige Pflanzen. Je größer diese sind, desto eher kann man an ihnen sogar schon wurzelartige Verdickungen sehen. Solche »Kindel« kann man ohne besondere Vorbehandlung von der Mutterpflanze abschneiden und in frische Erde setzen. In den ersten Wochen muss man regelmäßig gießen und gleichzeitig darauf achten, dass die Erde nicht zu nass ist. Schließlich haben die Pflanzen nur wenige Wurzeln, und entsprechend gering ist der Verbrauch. Diese Art der Vermehrung gelingt vor allem im Sommer. Ist es sehr warm, besprüht man die Blätter mit Wasser.

Im Zimmergewächshaus herrscht ein optimales Klima, um Stecklinge zu bewurzeln.

Stecklingsvermehrung ist die gängigste Methode, um den Pflanzenbestand im Zimmer zu vergrößern. Für die einfachste Version braucht man nur einen kräftigen, nicht zu jungen und nicht zu alten Trieb und ein Wasserglas. Buntnessel *(Solenostemon)* und Punktblume *(Hypoestes)* bewurzeln innerhalb von wenigen Wochen. Das Wasser wird nachgefüllt und aufgefrischt, bis sich ein reich verzweigtes Wurzelnetz gebildet hat. Anschließend kann man die Stecklinge eintopfen. Damit sich die Pflanzen gut verzweigen, sollte man die Spitzen nach dem Einwurzeln in der Erde regelmäßig ausknipsen. Weitere Pflanzen, die man auf diese Art bewurzeln kann, sind etwa Kolbenfaden *(Aglaonema)*, Kroton *(Codiaeum)*, Tradeskantie *(Tradescantia)*.

Etwas professioneller ist die Stecklingsvermehrung in Erde. Sie eignet sich auch für empfindlichere Pflanzen. Wichtig ist, dass man eine Vermehrungserde verwendet; diese enthält wenig Nährstoffe. Außerdem sollte man ein Mini-Gewächshaus, Glasglocken oder Plastikhauben bereithalten. Sie unterstützen die hohe Luftfeuchtigkeit, die das Bewurzeln beschleunigt. Man schneidet den Steckling mit einem sauberen, sehr scharfen Messer. In der Regel verwendet man einen so genannten

Für viele Zimmerpflanzen reicht ein Glas mit frischem Wasser zum Wurzeln.

Kopfsteckling. Darunter versteht man eine Triebspitze. Sie wird dicht unter einem Blatt abgeschnitten und in die Erde gesteckt. Mit Zeigefinger und Daumen drückt man den Steckling an. Einige Zimmerpflanzen lassen sich aber auch durch **Blattstecklinge** vermehren. Für Usambaraveilchen *(Saintpaulia)*, Begonien *(Begonia)* und Fetthennen *(Sedum)* braucht man nur ein einziges Blatt, das vom Stamm beziehungsweise von der Rosette abgetrennt und dann gesteckt wird. Die Drehfrucht *(Streptocarpus)* bildet Wurzeln am Blatt. Man schneidet die Mittelrippe heraus und steckt die Blatthälften, aus denen sich rasch neue Pflanzen entwickeln.

Absenker trennt man erst von der Mutterpflanze, wenn sie eigene Wurzeln haben. Man stellt also einen Topf mit Erde neben die so genannte Mutterpflanze und befestigt mit Drahtspangen einen Trieb auf der Erde, sodass der Bodenkontakt gegeben ist. Nun ist es wichtig, dass die Erde gleichmäßig feucht gehalten wird. Nach etwa drei bis vier Wochen haben sich meist erste Wurzeln gebildet. Dies überprüft man vorsichtig. Anschließend kann die Verbindung zur Mutterpflanze durchtrennt werden. Mit dieser Methode kann man Efeu *(Hedera)* und Efeutute *(Epipremnum)* leicht vermehren.

Absenker fixiert man mit einer ausgedienten Haarnadel auf der Erde, bis Wurzeln Halt geben.

Gesunde Pflanzen

Krankheiten und **Schädlinge**

an Zimmerpflanzen sind in der Regel kein Zufall, sondern die Folge von schlechten Wachstumsbedingungen. Vor allem wenig Licht und trockene Luft schwächen die Pflanzen und schaffen ideale Bedingungen für Weiße Fliegen, Läuse und andere Schädlinge.

Pflegefehler verursachen oft ein ähnliches Bild wie Schädlinge oder Krankheiten. So können gelbe, herunterfallende Blätter sowohl durch Staunässe als auch durch Schildläuse verursacht werden. Grundsätzlich sollte man seinen Zimmergarten beobachten. Was manche Menschen als »Sprechen mit Pflanzen« bezeichnen, besteht meist darin, die Blätter und Blüten genau unter die Lupe zu nehmen. Das braucht natürlich etwas Zeit. Wenn man mit dem Finger fühlt, ob die Pflanze wirklich Wasser braucht, wenn man die Blätter auch mal von der Unterseite betrachtet, lernt man seine Topfblumen kennen und entdeckt frühzeitig die ersten Schadanzeichen, etwa die braunen Panzer der Schildlaus. Man kann die Luftfeuchtigkeit erhöhen, die braunen Schilde mit Spiritus betupfen und so die Ausbreitung eindämmen.

Gesunde Wurzeln sind hell und von kräftiger Substanz (rechts). Anhaltende Nässe führt zur Fäulnis (links).

Braune Blätter sind ein Zeichen für Pflegefehler, etwa schlechte Lichtverhältnisse oder zu viel Wasser.

Schildläuse sitzen meist an der Blattrippe und saugen Pflanzensaft. Sie werden abgekratzt.

Weiße Fliegen breiten sich bei warmer, trockener Luft aus. Abhilfe schaffen als Nützlinge eingesetzte Schlupfwespen oder Gelbtafeln.

Mehltau tritt bei Begonien häufig auf. Befallene Blätter entfernen und die Pflanze luftig und trocken stellen.

Gegen Wollläuse: Schädlinge mit Wattestäbchen betupfen, die mit Spiritus getränkt sind.

Das Entfernen befallener Pflanzenteile

hat im Zimmergarten eine große Bedeutung, weil der Einsatz von Pflanzenschutzmitteln in der Wohnung möglichst vermieden werden sollte. Größere Schild- und Wollläuse kratzt man ab. Triebe, die voller Läuse sitzen, schneidet man ab. Man kann auch Gelbtafeln verwenden, die Läuse und die erwachsenen Tiere der Weißen Fliege anlocken und festkleben.

Wer viele Zimmerpflanzen hat, kann auch Nützlinge einsetzen. Das sind meist andere Insekten, natürliche Feinde der Schädlinge. Nützlinge erhält man im Fachhandel. Meist bestellt man sie per Postkarte und bekommt sie innerhalb von wenigen Tagen zugeschickt.

In der Heizperiode sollte man anfällige Pflanzen öfter unter die Dusche stellen. Ausnahme: Pflanzen, die keine tropfnassen Blätter vertragen, wie zum Beispiel Alpenveilchen *(Cyclamen)* und Usambaraveilchen *(Saintpaulia)*. Mit einem weichen Strahl wird handwarmes Wasser über die Blattober- und -unterseite gesprüht. Anschließend zieht man für einen Tag eine durchsichtige Plastiktüte über die Pflanze. Im Innern entsteht ein Klima mit hoher Luftfeuchtigkeit. Spinnmilben, Schild- und Wollläusen sowie Thripsen, die man mit bloßem Auge nicht entdeckt hat, wird das Leben nun schwer gemacht. Das Dampfbad stärkt wiederum die Pflanzen. Anschließend lässt man den Wurzelballen gut abtrocknen und besprüht die Pflanzen häufiger. So haben es die Schädlinge nicht mehr ganz so leicht. Im Sommer erzielt man die gleiche Wirkung mit einem warmen Sommerregen auf Balkon oder Terrasse.

Es gibt verschiedene Krankheiten, die Blattflecken und Fäulnis verursachen. Sie lassen sich meist nicht bekämpfen. Befallene Pflanzen wirft man besser weg. Bakteriosen und Virosen sind meist auf einzelne Arten spezialisiert. Sie gefährden nicht Ihren Bestand an anderen Zimmerpflanzen.

Mit Gelbtafeln werden Schädlinge angelockt. Sie bleiben auf der Oberfläche kleben.

Aufgüsse aus Brennnessel und Schachtelhalm, auf die Blätter gesprüht, stärken die Abwehrkräfte.

Nützlinge, die man per Post bestellt, helfen bei der Schädlingsbekämpfung im Zimmer.

Wasserreste

Das letzte schale Schlückchen Mineralwasser schmeckt nicht, aber für Zimmerpflanzen ist dieses Wasser sehr bekömmlich. Reich an Mineralstoffen, stärkt es das Grün auf der Fensterbank. Die Kohlensäure löst Kalkausblühungen am Topf und auf der Erde. Für Pflanzen, die ein saures Substrat bevorzugen, ist Mineralwasser besonders wertvoll.

Aspirin

Kopfschmerzen sind es sicher nicht, die Ihre Zimmerpflanzen plagen, aber die Salicylsäure, die im Aspirin enthalten ist, stärkt die Abwehrkräfte und aktiviert das »Immunsystem«. Auf einen Liter Wasser gibt man eine gut lösliche Sprudeltablette. Bei robustem Blattwerk kann man die Pflanzen damit auch besprühen.

Vorbeugender Pflanzenschutz zählt zu den Geheimtipps der Zimmerpflanzengärtner, die einen grünen Daumen haben. Dabei muss man gar keine schweren Kaliber auffahren, sondern kann mit manchen Hausmittelchen und Abfallprodukt wahre Wunder bewirken. Das Schöne an diesen Rezepten, die machmal schon seit einigen Generationen überliefert worden sind, ist die Tatsache, dass sie umweltschonend, preiswert und absolut ungefährlich sind. Was kann man schon falsch machen, wenn man einen Rest Mineralwasser an eine Pflanzenschönheit gießt?

Gegen Läuse

Ein Esslöffel Schmierseife, in etwas warmem Wasser gelöst, ein Esslöffel Brennspiritus und ein Liter Wasser ergeben eine Spritzlösung für Blattober- und -unterseite, wenn Schild-, Woll- oder Schmierläuse sich ausgebreitet haben. Gegen Blattläuse hilft ein Brennnesselauszug (500 Gramm frische Blätter auf 5 Liter Wasser).

Kalter Kaffee

Ein Tässchen Espresso ist übrig geblieben. Ehe es im Ausguss verschwindet, sollte man den Rest den Topfblumen spendieren. Die Reste wirken nämlich wie Dünger und erhöhen vor allem den Kaligehalt. Das stärkt das Gewebe und die Abwehrkräfte. Etwas Zucker im Kaffee ist kein Problem, Milch sollte er nicht enthalten.

Eierwasser

Eierschalen legte man schon zu Großmutters Zeiten in Wasser, damit sich Eiweiße lösen. Diese wirken als schwach konzentrierte Düngerlösung stärkend.

Kartoffelwasser

Abgekühltes, ungesalzenes Kochwasser von Pellkartoffeln ist besonders weich und enthält Stärke sowie eine ganze Menge an Spurenelementen. Das tut Zimmerpflanzen gut.

Zündhölzer

Trauermücken treten vor allem in der kühlen Jahreszeit an der Oberfläche des Wurzelballens auf, wenn die Erde immer ein wenig feucht ist. Nur selten schädigen sie tatsächlich die Pflanzen, aber die kleinen, schwirrenden Insekten stören. Rasche Abhilfe kann man mit Streichhölzern schaffen, die mit dem Zündkopf in die Erde gesteckt werden. Auch Gelbtafeln locken die Plagegeister an und helfen dabei, den Befall zu verringern.

Zwiebelsud

Zwiebeln und Knoblauch werden klein gehackt und mehrere Stunden in Wasser eingelegt. So löst sich der schwefelhaltige Inhaltsstoff Allicin. Nach maximal 24 Stunden werden die Zwiebelstückchen abgesiebt und der Auszug unverdünnt in einen Sprüher gefüllt. Die Lösung vertreibt Blattläuse und Spinnmilben, wenn man befallene Pflanzen zwei bis drei Mal pro Woche damit tropfnass besprüht.

Hübsch nützlich

Glaskugeln legt man auf die Oberfläche eines Wurzelballens, um zu verhindern, dass Trauermücken ihre Eier in der feuchten Erde ablegen. Zugleich sehen Murmeln oder Kieselsteine dekorativ aus. Man muss nur darauf achten, dass man trotz dieser hübschen Idee das rechte Maß für den Wasserbedarf hat. Schließlich sieht man nicht auf den ersten Blick, ob die Erde feucht ist, und auch die Fingerprobe macht mehr Mühe.

Bezugsquellen und Adressen

Garten-Versandhandel

Gärtner Pötschke
Beuthener Str. 4
41561 Kaarst
www.gaertner-poetschke.de

Dehner
86640 Rain am Lech
www.dehner.de

OBI@OTTO
20088 Hamburg
www.OBI@OTTO.de

Düngemittel und Pflanzenschutzmittel

Algoflash
Langelohe 65
25337 Elmshorn
Tel.: 0 41 21 / 7 13 63

Neudorff
An der Mühle 3
31860 Emmertal
Tel.: 0 51 55 / 62 40
Fax: 0 51 55 / 60 10
www.neudorff.de

Gabi-Biochemie
32108 Bad Salzuflen
Tel.: 0 52 22 / 2 10 05
Fax: 0 52 22 / 90 53 28

DÜNGER-ONLINE-SHOP
Yvonne Kaiser
Samuel-Hahnemann-Str. 35
38154 Königslutter
Tel.: 0 53 53 / 91 31 22
Fax: 0 53 53 / 91 31 23
www.duenger-shop.de/

Bayer CropScience Deutschland GmbH
Elisabeth-Selbert-Str. 4a
40764 Langenfeld
Tel.: Beratungs-Hotline: 0190-522937
(0,62 Euro/Min.)
Fax: 0 21 73/20 76 - 476
www.bayercropscience.de

Compo
Gildenstraße 38
48157 Münster
Tel.: 02 51 /3 27 70
Fax: 02 51 / 32 62 25
www.compo.de

Scotts Celaflor GmbH & Co. KG
SUBSTRAL
Konrad-Adenauer-Straße 30
55218 Ingelheim
Tel.: 0 61 32 / 7 80 30
Fax: 0 61 32 / 20 67
www.substral.de

Spiess-Urania Chemicals GmbH
Hauptstraße 4
67271 Kleinkarlbach
Tel.: 0 63 59 / 80 12 35
Fax: 0 63 59 / 95 37 35
www.spiess-urania.com

Euflor Gartenbedarf
Ridlerstraße 75
80339 München
Tel.: 089 / 5 00 93-4
Fax: 089 / 5 00 93-371
www.euflor.de

Oscorna Dünger
Erbacherstraße 41
89079 Ulm
Tel.: 07 31 / 9 46 64-0
www.oscorna.de

Einrichtungen

Garten-Wohnen-Schenken
Hannelore Senger
Kreut 1
84104 Rudelzhausen
Tel.: 08754/96 98 46

Ikea
Liebigstr. 1
85386 Eching
Tel.: 08165 / 6190

Laden im Torbogen
Haxthausen 8
85354 Freising
Tel.: 08165 / 99 71 60

Rattania
Lilienthalstr. 14
85375 Neufahrn
Tel.: 08165 / 666 90

Hyazinthengläser

blattwerk
Lachen 1
88214 Ravensburg
Tel.: 0751/ 67781
Fax: 783451
www.blattwerk-versand.de

Querbeet
Frauenstr.12
80469 München
Tel.: 089 / 79199166
Fax: 089 / 79199222

Automatische Bewässerung

Tropf-Blumat
Tensio-Technik
Edith Bambach
Peter-Spring-Str. 18
65366 Geisenheim
Tel.: 06722 / 972168
Fax: 06722 / 75157
www.blumat.info

Österreich

Blumat-Shop by m+m
Eduard-Bodem-Gasse 6
A-6020 Innsbruck
Tel.: 0512 / 34 48 48
Fax: 0512 / 34 52 52

Schweiz

Über Samen Mauser
Eric Schweizer Samen AG
Industriestrasse
Postfach 24
CH-8404 Winterthur
Tel.: 052 / 2 34 25 25
Fax: 052 / 2 33 57 46

Liebhabergesellschaften

Bonsai-Club Deutschland e.V.
Lange Str. 26
75236 Kämpfelbach
Tel.: 0 72 31 / 98 36 39
Fax: 0 72 31 / 9 08 58
www.bonsai.org
Clubzeitschrift »Bonsai«

Deutsche Bromelien-Gesellschaft e.V. (DGB)
Steiler Weg 15
57076 Siegen
Tel.: 07144 / 3 66 39

Deutsche Gartenbau-Gesellschaft 1822 e.V. (DGG)
Webersteig 3
78462 Konstanz
Tel.: 0 75 31 / 1 52 88
Fax: 0 75 31 / 2 65 30
Mitglieder-Zeitschrift »Gartenpavillion«

Deutsche Gesellschaft für Hydrokulturen e.V. (DGHK)
Günter Gregg
Berger 14
59394 Nordkirchen
Tel.: 0 25 96 / 13 03
Fax: 0 25 96 / 93 73 83
Mitglieder-Zeitschrift »DGHK Aktuell«

Deutsche Kakteen-Gesellschaft e.V.
Betzenriedweg 44
72800 Eningen
www.cactus-mall.com/dkg
Mitglieder-Zeitschrift »Kakteen und andere Sukkulenten«

Deutsche Orchideen-Gesellschaft. e.V.
Flößweg 11
33758 Schloß Holte-Stukenbro
Tel.: 0 52 07 / 92 06 07
Fax: 0 52 07 / 92 06 08
www.orchidee.de
Mitglieder-Zeitschrift »Die Orchidee«

Gesellschaft für Fleischfressende Pflanzen e.V.
c/o Jörg Ramsauer
Zitterhuck 6 a
47608 Geldern-Kapellen
Tel.: 0 28 38 / 77 81 87
oder 77 82 88
www.carnivoren.org
Jahresbeitrag 28 Euro inkl. Rundbrief

Interessengemeinschaft Passionsblumen
Amselstr. 75
24837 Schleswig
Tel.: 0 46 21 / 95 37 35
Fax: 0 46 21 / 95 37 35

Vereinigung Deutscher Orchideenfreunde e.V.
Roland Schettler
Döbelnerstr. 9
44139 Dortmund
Tel.: 02 31 / 10 18 25
Fax: 0 23 53 / 30 27

Stichwortverzeichnis

Ziffern mit * verweisen auf Abbildungen

Bildnachweis:

Alle Bilder von Friedrich Strauß, außer Seite 1, Ulrike Schanz; Seite 31 rechts und unten: Meyer-Horn

Bibliografische Information Der Deutschen Bibliothek

Die Deutsche Bibliothek verzeichnet diese Publikation in der Deutschen Nationalbiografie; detaillierte bibliografische Daten sind im Internet über http://dnb.ddb.de abrufbar.

BLV Verlagsgesellschaft mbH
München Wien Zürich
80797 München

Umschlagfotos:
Vorder- und Rückseite: Ulrike Schanz, Fotodesign, München

Vordere Klappe außen: Borstell (oben und unten)
Hintere Klappe außen: Reinhard (oben), Borstell (unten)

Umschlaggestaltung: Peter Hofstetter, Angewandte Grafik, München

Layoutkonzept Innenteil:
Parzhuber & Partner, München

Lektorat: Dr. Thomas Hagen
Herstellung: Hermann Maxant

Satz: Satz+Layout Fruth GmbH, München
Reproduktionen: Repro Ludwig, Zell am See

Gedruckt auf chlorfrei gebleichtem Papier

Printed in Italy · ISBN 3-405-16508-3